日军侵华战俘营纪实丛书

洛阳战俘营纪实

何 晓 何 海 何天义 编著

知识产权出版社
全国百佳图书出版单位

图书在版编目（CIP）数据

洛阳战俘营纪实/何晓，何海，何天义编著. —北京：知识产权出版社，2019.6

（日军侵华战俘营纪实丛书/何天义主编）

ISBN 978-7-5130-6147-6

Ⅰ.①洛…　Ⅱ.①何…②何…③何…　Ⅲ.①日本—侵华事件—战俘问题—史料—洛阳　Ⅳ.①K265.606

中国版本图书馆CIP数据核字（2019）第042301号

责任编辑：宋　云　刘　江　　**责任校对：**谷　洋

封面设计：北京麦莫瑞文化传播有限公司　　**责任印制：**刘译文

洛阳战俘营纪实

何　晓　何　海　何天义　编著

出版发行：知识产权出版社有限责任公司　**网　　址：**http://www.ipph.cn

社　　址：北京市海淀区气象路50号院　**邮　　编：**100081

责编电话：010-82000860转8388　**责编邮箱：**hnsongyun@163.com

发行电话：010-82000860转8101/8102　**发行传真：**010-82000893/82005070/82000270

印　　刷：三河市国英印务有限公司　**经　　销：**各大网上书店、新华书店及相关专业书店

开　　本：880mm×1230mm　1/32　**印　　张：**6.25

版　　次：2019年6月第1版　**印　　次：**2019年6月第1次印刷

字　　数：130千字　**定　　价：**36.00元

ISBN 978-7-5130-6147-6

《日军侵华战俘营纪实丛书》
编委会名单

序　言

虐待俘虏是日本在侵华战争中所犯的重要罪行之一，也是战后尚未解决的遗留问题之一。战时应当如何对待敌对国的俘虏，早在18世纪，国际社会就产生了施以人道待遇的观念；1899年第一届万国会议上制定的《海牙第二公约》，1907年《海牙第四公约》附件的《陆战法则和惯例章程》，1929年达成的《日内瓦公约》，都有明确规定的基本准则。

战俘是战争和武装冲突中落入敌方控制之下的合法交战者，战俘不是以个人身份，而是以武装部队成员身份参加战斗的。交战国拘捕和扣留被俘人员不是因为其个人有任何违法行为，而是为了防止他们再次参加作战。俘虏必须享受人道的待遇，凡属交战国军队的人员，不论其是战斗人员还是非战斗人员，在被俘以后都应享受俘虏的待遇。因此对他们不应施以惩罚、虐待，更不应该予以杀害。战后，国际军事法庭宪章把“对战俘的谋杀和虐待”归入战争罪。但在日本侵华战争中，日军制造种种借口，非但不执行国际公约，而且虐待战俘，奴役战俘，对中国和世界犯下了滔天罪行。

20世纪三四十年代发生的日本侵华战争，是日本帝国主义在近代史上多次侵华战争中最疯狂最残暴的一次，也是其以失败告终的一次。这场战争，从1931年九一八事变开始，到1945年9月日本投降签字，历时14年之久。中国军队进行重要战役200余次，大小战斗近20万次，歼灭日军150余万人，歼灭伪军118万人。战争结束后接受投降日军128万人，接受投降伪军146万人。但是，战争的最终胜利并不等于战争的每个阶段都取得了胜利，更不可能是每个战役和每次战斗都取得了胜利。面对武装到牙齿的日本军国主义，在军事上、装备上、综合国力上都处于弱势的中国军民，在战争中曾多次失利。中国军民遭到许多重大损失，有不少抗日军民被俘、被捕、被抓，关押进日本设在中国各地的战俘集中营（以下简称战俘营）。据近年的不完全统计，在抗日战争中，正面战场进行大会战22次，国民党军队伤亡320万人；敌后战场进行大小战斗125 165次，八路军、新四军伤亡58万多人。中国军队共伤亡380余万人，中国人民牺牲2 000余万人，中国军民伤亡总数达3 500万人以上；中国财产损失600多亿美元（按1937年美元换算，下同），战争消耗400多亿美元，间接经济损失达5 000亿美元。在死伤的3 500万人中，有1 000多万人都是战俘及劳工。据近年来核实，日军设在中国的战俘营、战俘收容所有100多个，关押战俘100余万人。

日军对中国战俘的虐待可分三个阶段、三个场所、三种形式。

第一阶段是战场上的屠杀。

对待战场上作战被俘的官兵，日军先要进行审查分类编队。按官阶分类登记，按原作战部队番号编队，伴随着这些活动，日军往往对战俘进行野蛮屠杀。对作战顽强，使日军在战场上遭到重大伤亡的部队的战俘，日军常常会对其进行“报复性”屠杀；对受伤严重、不能行走、不能当劳工使用，而又需要提供食品和医疗服务的战俘，日军常常当场施以“处理性”的屠杀；对于大批俘虏，日军本意需用这些人充当劳工，由于不按国际法对待他们，不把他们当人看，在管理上不负责任，不及时提供饮水、食品和医疗服务，致使战俘在从战场向战俘营转送途中，或由一个战俘营向另一个战俘营转送途中，几天吃不到东西，喝不上水，病饿而死，遭到“虐待性”屠杀。这种情况在南京沦陷后和中条山战役后最为严重。南京大屠杀的 30 万受害者中，有 9 万多人是放下武器的战俘。而在中条山战役中，据日军统计，中国军队被俘 3.5 万人，遗尸 4.2 万人，其实这些遗尸中大多是放下武器后被杀害的战俘。

第二阶段是战俘营的虐杀。

战俘营多数高墙电网、岗哨林立、戒备森严，对俘虏采用监狱式管理。战俘进入战俘营一般要经过验证、消毒、登记、编号、审讯、入所教育六道手续。进战俘营后，每天要进行出操点名、升降旗、呼反动口号、强制劳动、策反活动、唱反动歌、读反动报等刻板的日程。战俘吃的是发霉的玉米面、高粱米，吃不饱饭，见不到菜，喝不上水。塘沽战俘营的战俘劳工曾吃尿冰止渴，而石家庄战俘营的战俘则不得不吃老鼠充饥。住的多是木板房，睡的是大通铺，没有被褥枕头。穿的衣服又脏又破，多数人衣不遮体，一些战俘不得不趁外出劳动时捡水泥袋和破草袋捆在身上御寒。恶劣的环境，非人的生活，繁重的劳役，残酷的刑罚，加上瘟疫的摧残，折磨着战俘营的战俘，石家庄战俘营最多一天会死去200 多人。在北平战俘营中，日军会把一些战俘的胳膊弯曲打上石膏进行肘死关节试验，致使这些战俘残废或丧命。济南、太原、北平、石家庄等战俘营均把战俘当作血库，大量抽其血液，并进行细菌试验、活体解剖。太原战俘营把战俘当活靶，捆绑着押到赛马场上让日军新兵练刺杀、射击，仅两次新兵练胆训练就虐杀八路军战俘 340 余人。由于上述原因，石家庄、济南、太原、北平几个大战俘营的死亡率都高达百分之三四十。每个战俘营附近基本上都有一个掩埋战俘劳工尸体的万人坑，死亡人数都在 2 万左右。

第三阶段是就劳地的役杀。

战俘在战俘营虽然也进行劳动，但多是临时性、应急性的劳动，而且流动性大，不固定。在其被日军输送到伪满洲国、伪蒙疆和日本本土各地后，在就劳地的劳动则是相对固定的、长期的、繁重的苦役。早在关东军劳务统制委员会第一次会议上，关东军有关人员就提出将数十万东北军俘虏及归顺兵训练、转化为劳工的计划。全面抗战爆发后，日军陆续把 30 万战俘从华北强掳到伪满洲国，日方称其为特殊工人，后来又改为辅导工人和保护工人。之后又将战俘强掳到伪蒙疆、华中、华南、日本本土、朝鲜半岛及东南亚等地服苦役。在管理上多数与普通劳工隔离，由军队和警察负责监管。日军从中国强掳到日本本土的4万名劳工中有2万人是战俘，日本称为训练生。战俘在各就劳地的生活条件和劳动条件普遍很差，但比较地看，东北比华北恶劣，国外比国内恶劣，煤矿、铁矿比一般工厂恶劣，秘密军事工程比一般军事工程恶劣。战俘劳工在被役使过程中，饱受冻、饿、病、累的折磨，死者很多。押往伪满洲国的战俘劳工的死亡率，低的有百分之十几，高的达40%。押往日本的战俘劳工死亡率约占17%，有的作业场死亡率达52%。

总之，不论在俘获地、战俘营，还是就劳地，日军和日伪管理人员对战俘的虐待一直没有停止，肉体上的摧残，精神上的折磨，经济上的剥削，政治上的压迫，直到战俘的生命终结。

战后的东京审判和各国的BC级战犯审判，已经证明日本政府、军队和相关企业在战时严重违反了国际公法和国际公约，犯有虐待战俘罪、残害平民罪、强掳劳工罪、侵犯人权罪。但因种种原因，战后审判对日本奴役和虐待中国战俘劳工的罪行追究却很不彻底。据日本法务省官房司法调查部编纂的《战争犯罪审判概要》（1973年8月）中记载，由英、美、澳、荷、法、菲及中华民国提出的BC级审判起诉书中，有关俘虏收容所人员占全部起诉案件数的16%，被起诉人员的17%，判处有罪的27%，处死刑的11%。在战犯审判中，因虐待俘虏被起诉的案件仅次于宪兵犯罪的案件。但这些案件多由英、美、澳等国审判。设置战俘营最多、战俘受虐待最重的中国，参与对日本虐待战俘案件的审判却很少。日本在中国战场上犯下的残杀战俘的滔天罪行，只有南京大屠杀中的指挥者等少数战犯受到了审判。日军在中国建立战俘营虐待战俘劳工的种种罪行，只有济南等少数战俘营的管理者受到了审判，而对日军在伪满洲国、伪蒙疆、华北、华中、华南等地奴役战俘劳工的罪行基本上没有进行任何惩处。对掳往日本本土的战俘劳工，在135个作业场中，只有花冈、鹿岛等个别作业场的管理者受到了审判。20世纪50年代，中国最高人民法院特别军事法庭审判在押的日本战犯时，华北几十个战俘营中只对济南、太原、保定、洛阳4个战俘营的日本管理人员进行了审判。而以上审判只是对犯罪当事人的战争犯罪责任进行追究，并没有对日本政府和相关企业虐待奴役战俘劳工所造成的人身伤害、经济损失、精神损失、家庭损失等进行审判。既没有向受害者谢罪，也没有向受害者赔偿。反之，日方还竭力销毁罪证，掩盖事实，否认罪行。

《海牙第四公约》第3条规定："如果情势有必要，违反本公约之'陆战规则'规定的交战者，应付出赔偿，该交战者应对其武装部队中一部分人所做的行为负责。"国际法还规定追究战犯的战争责任没有时效限制。根据这些法律，第二次世界大战中的侵略国德、意、日奴役和虐待同盟国战俘的问题，被受害者列为没有解决的战争遗留问题，在20世纪80年代又被提了出来。经过多年的斗争，1999年2月，德国政府和企业拿出100亿马克（约合53亿美元）建立了"记忆、责任和未来基金"，对受害的战俘劳工进行赔偿。

早在德国全面解决战俘问题之前，美国和加拿大就已对战时关进美国和加拿大集中营的日本侨民进行了道歉和赔偿，美国总统给每位受害者发了致歉信，每人赔偿了 2 万美元（当时约合 16 万元人民币）。加拿大同美国的道歉方法和赔偿金额基本一致。继德国之后，奥地利也仿效德国的办法建立了强制劳工赔偿基金，对欧洲的战俘劳工进行赔偿。在英国，政府没有支持战俘向日本索赔，英国政府却为第二次世界大战时被日本奴役的英国战俘受害者每人提供了 1 万英镑（当时约合 15 万元人民币）的补偿金。然而，侵占中国 14 年、造成中国 3 500 万人死伤的日本，不承认侵略战争，不承认侵略罪行，不承担侵略责任。

国际上有一种说法，如何对待敌对国的战俘，可以看出一个国家和一个民族的文明程度和道德水平。日本军国主义在战时没有按国际公约对待中国战俘，而是虐待、奴役、残杀中国战俘。战争结束时，又烧毁文件档案，掩盖罪行，企图蒙混过关。战争结束后，当中国战俘劳工向日本政府和相关企业提出索赔要求时，他们又制造种种借口予以否认，加以阻挠。

从 20 世纪 80 年代开始，中国民间对日索赔在日本法院立案 28 件，其中战俘劳工索赔案 15 件。尽管经历了十几年的漫长诉讼，但都被日本法院以“国家无答责”“时效问题与除斥期间”“请求权放弃”等理由判决败诉。2007 年 4 月 27 日，日本最高法院单方面解释《中日联合声明》，以中国政府放弃战争赔偿为由，判定中国民间受害者丧失索赔权。

因为日本政府对历史遗留问题没有正确的认识和积极的态度，所以中国民间对日索赔问题至今还没有得到解决。

人类进入21世纪，实现民族和解、捍卫世界和平、建设和谐世界逐渐被提上议事日程，特别是存在众多历史问题和现实问题的中日两国及亚洲各国更为关注这一话题。第二次世界大战结束70多年来，中日两国人民为促进中日友好做了大量工作。日本民间团体帮助中国劳工争取受害赔偿就是一个例证，建立在中国、日本及亚洲各地的战俘劳工纪念碑就是例证。但日本右翼团体却处心积虑，倒行逆施，不断进行干扰破坏活动。近年来，日本在政治上越来越右倾化，在历史问题上大开倒车，否认侵略历史，掩盖侵略罪行，妄图翻案复辟，使中日关系降到最低点，战争遗留问题的解决也更加渺茫。中国受害者希望日本能向德国学习，正确对待历史问题，勇于承担历史责任，在深刻反省的基础上妥善解决战俘劳工这一战争遗留问题。

一个偶然的机会，我们选择了战俘、战俘营、战俘劳工这个课题，并为此进行了30年的调查研究。30年来，在有关部门和民间组织的支持下，我们先后召集战俘劳工代表大会5次，地区性战俘劳工座谈会20余次，走访征集战俘劳工口述资料1 000多人，征集有关资料3 000多万字，整理打印900余人的《战俘劳工访谈录》共计400万字，为400多位战俘劳工录制了音像资料，并刻录了光盘。

在旅日、旅美、旅加华侨的支持下，我们于1995年编写了一套4卷本《日军枪刺下的中国劳工》；于2005年编写了一套5卷本《二战掳日中国劳工口述史》；于2007年编著了《亚洲的奥斯威辛——日军侵华集中营揭秘》；于2008年编写了《日军侵华集中营——中国受害者口述》；于2013年编著了《日军侵华战俘营总论》。此外，还参与编辑了10卷本《日本侵略华北罪行档案》及《日军侵略华北罪行史稿》等40多部抗战类相关书籍。这些著作填补了日本侵华罪行、战俘英勇反抗史的研究空白，为解决日本侵华战争的遗留问题提供了史料和证据。但这些著作多为史料性、专题性、实证性、学术性著作，受众面较小，可读性不强。为了让广大群众特别是青少年，了解战俘劳工这一特殊群体，了解他们艰难困苦的悲惨遭遇，学习他们英勇不屈的斗争精神，我们从全国众多战俘营中选择了平津、石家庄、济南、太原、洛阳五个规模较大、关押战俘较多的战俘营的素材，编写了一套“日军侵华战俘营纪实丛书”。在这些战俘营中，有不少共产党八路军战俘进行的英勇反抗斗争，而斗争最坚决的是抗大二分校抗三团的干部学员，其中有不少是长征到延安的老红军，到华北办抗大的新八路。他们在日军“五一扫荡”时被俘，关进石家庄战俘营后，组建了秘密支部，在伪满阜新煤矿后举行了“新邱暴动”。于是我们单独为他们立传，编写了一本《战俘营的“抗三”》。全套书共6册。

这套丛书是根据战俘幸存者的回忆和口述，及各地残缺不全的文献和档案整理编写的，文中的人名、时间、地点可能有不准确的地方，加之时间仓促，水平有限，书中可能有许多偏颇疏漏之处，请广大读者谅解，请幸存者、当事者加以斧正。

为了增加书稿的真实性和客观性，揭露日军奴役掳杀战俘劳工的滔天罪行，我们从书报刊物上选编了一些图片，由于种种原因，未能找到原稿的拍摄者。这里我们向有关的拍摄者和编辑者表示感谢。看到这本书的原图作者，请同我们联系，我们将付微薄的稿酬。

何天义

2018 年 11 月 1 日于石家庄

目　录

一、初设的洛阳战俘营

1．九朝古都的西工兵营

洛阳战俘营又称洛阳俘虏收容所，成立于1944年5月，结束于1945年8月，地址在原洛阳市西工兵营。

洛阳是九朝古都，西工作为一个地名，始于近代北洋军阀统治时期。1913年，北洋军阀袁世凯窃取中华民国临时大总统后，选定洛阳为其屯兵之地，把西起灵官庙、东到五门屯、南至下池、北到金谷园这片土地作为兵营区。当年建窑烧砖，次年调集石家庄等地的建筑商大兴土木，雇用大批民工建设兵营，因为工程在洛阳老城西关外，所以当时的人们就管它叫西工上（西工地之意），简称西工。后来有些人误以为这里是某朝皇帝的西宫殿，因此有的史料写为西宫。

1916年，西工兵营初具规模，袁世凯却垮台身亡。皖系军阀首先进驻，直皖战争后，直系军阀吴佩孚占领后又进一步扩建。初建时占地近5 000亩，建营房5 000余间。吴佩孚扩建了1 000亩，兵营扩建为13座营房，计1.2万间，是中国当时除了沈阳“北大营”之外最大的新式兵营。

为便于控制河南省，吴佩孚将省政府由开封迁往洛阳。

1932 年“一·二八”事变后，蒋介石感到南京岌岌可危，遂迁往洛阳，定为“行都”，西工兵营于是得到进一步扩大。1937 年七七事变后，这里成为第一战区司令长官部所在地。1938 年，河南省省政府再次由开封迁往洛阳。

日军攻陷洛阳后，日军第一一〇师团等部侵占洛阳，因为战俘较多，日军曾占用西工兵营的三座营房和一些仓库来关押战俘。随着战俘的外送和死亡，只留下原炮二营作为关押战俘的集中营。

2. 惨烈的洛阳战役

1944 年，世界反法西斯战争出现重大转折。6 月 6 日，美英数十万军队在法国诺曼底海岸登陆成功。希特勒大肆吹嘘的大西洋壁垒被突破，英美联军一夜之间打破了其称霸世界的狂妄梦想。在欧洲强攻德军的同时，美国在太平洋战场上对日军进行反击，并多次派飞机轰炸东京等日本重要城市，最终切断了日军在太平洋上的“海上交通线”，使日军大为恐慌。

为了援助侵占东南亚的日军，日军制订了打通中国“大陆交通线”的一号作战计划，史称“豫湘桂战役”，要以“大陆交通线”替代“海上交通线”，支援和保障东南亚的侵略作战。

1944 年 4 月 18 日，日本华北方面军调集五六万人，强渡黄河，进攻郑州、洛阳，华中日军则从南阳方面北上策应。驻守河南的 40 万国民党军队在第一战区副司令汤恩伯的指挥下进行了抵抗，交战 37 天，郑州、洛阳及豫西等 38 座城沦陷，4 万平方公里的土地沦为敌占区。平汉线被打通后，在原先占领豫北、豫东的基础上，日本又占领了豫南、豫西。在整个河南对日作战中，战斗最激烈的是洛阳战役。国民党军损失 20 多万人，数万抗日军民被俘、被捕、被抓。在这里，我们先介绍这场战斗的具体进程。

1944 年初，第十五军从山西中条山战场撤到洛阳北面新安县一带休整，士气尚未恢复，日军就发动了打通平汉线的“一号作战”。隶属第十四集团军的第十五军的两个师和十四军九十四师奉命固守洛阳。整个战役统由第十五军军长武庭麟指挥，具体部署是：以实力较弱的六十四师守卫西工区飞机场，武器装备较好的六十五师守卫洛阳北面邙岭区上清宫一线，实力最强的九十四师守卫城关区。

5 月 8 日，洛阳战役拉开序幕，日军先头部队在飞机与战车的掩护下，向洛阳南面龙门一线外围阵地猛攻，双方经过两天血战，敌人突破外围防线，占领龙门一线高地。

11 日拂晓，敌机 10 余架轰炸机袭击了洛阳北面阵地，并施以重炮猛烈轰击，掩护其工兵在洛河上架设浮桥，使其步兵突过洛河。

12 日晨，日军以步兵 1 万人、战车 50 余辆，在飞机的掩护下，全力进攻六十四师防守的西工区。双方血战一天，终因日军战车突入火力猛烈，六十四师伤亡惨重，为保存实力，奉命转移至邙山岭下。

13 日，日军巩固了西工区沿线阵地，切断了中国军队的补给线并抢修好了飞机场，同时向六十五师阵地发动猛攻。但因六十五师阵地外壕又深又阔，日军一时未能突破。而此时，日军步兵已进入中国军队射程内，中国军队轻重武器一起开火，日军死尸横陈，只好溃退。

14 日夜，天降大雨，双方息战一夜。

15 日、16 日两日阴雨连绵，日军援兵从郑州和孟津县开来，增援洛阳东面和上清宫北面一带，使六十五师腹背受敌。

17 日，敌机 12 架轰炸机飞入六十五师阵地上空，中国空军起飞迎击，经过五分钟激烈空战，敌机全部被歼。抗日军队士气大振，当时歼灭日军2 000余人，巩固了阵地。

18 日，日军战车为先导，并施放烟幕弹，掩护其步兵向洛阳西南城墙至上清宫一线猛烈冲击，形成拉锯战。上午 9 时，日机与盟军飞机 80 余架在洛阳上空再次展开空战。日机因速度慢，火力差，大部分被击落，暂时失去制空权。但中国军队由于缺少对空联络器材，加之配合不利，空中打击力量未能充分发挥作用，致使日军在 19 日黄昏集中兵力 2 万、战车 200 余辆、火炮 100 余门实施全线攻击。在夺取上清宫制高点时，日军竟然违背国际公约施放毒气，中国军队伤亡惨重，六十五师有些连队的阵地被日军战车轧平，守卫官兵全部壮烈牺牲。经过一天一夜的鏖战，中国军队仍坚守着大部分阵地，此后数天，中日双方仍激战不断。因六十五师、六十四师等部队减员甚多，武器弹药短缺，虽短兵相接，白刃格斗，亦难以为继，指挥部所在地上清宫一线终被敌人突破。

24日，日军以3万兵力、22架飞机、300余辆战车投入战斗。日军不惜血本全线发起攻击，以战车填平城壕，突破防线。中国军队指挥联络系统被隔断，陷入混乱，终因弹尽援绝，奉命自行突围，洛阳遂陷入敌人之手。

洛阳保卫战历经17个日夜，中国军队伤亡1.3万余人，以惨败告终。虽然在20日，前线指挥部曾向洛阳守军传达了蒋介石“我陆空大军正向洛阳前进，应努力作战”的手谕，但直到洛阳失守也未见援军。

洛阳虽然沦陷，但守军士兵却表现出同仇敌忾、与阵地共存亡的英雄气概，那些经过激战又被日军俘虏的官兵，被送到异国他乡充当劳工，又经历了地狱般的煎熬，也进行了顽强的反抗。

3. 兵营成了战俘营

洛阳战俘营直属华北方面军日军一一〇师团（鹭字3906部队）参谋部管辖，由参谋铃木少佐及高级副官潮少佐和中岛中尉负责掌控对俘虏的调遣和处理，该师团所属一六三联队（鹭字3912部队）负责派兵看守和管理，并负责给养的供给。看管部队曾进行过几次调换，1944年5月，洛阳俘虏收容所刚成立时，直接负责看管该收容所的是一六三联队的第三大队第九中队，收容所的工作由第九中队中队长负责。同年8月，看管部队调换，由配属到一六三联队的原驻孟县汽车队的和田小队接管，收容所所长即由该小队长和田中尉担任。直接负责管理被俘人员的是加藤和佐藤两个伍长，以及一个姓朴的朝鲜翻译（化名冈本）。同年 11 月，收容所由一六三联队步兵炮中队长太田中尉率部 50 余人接管，太田中尉任所长，直接负责管理被俘人员的是柏原军曹，两个月后又换为相见军曹。1945 年 5 月，太田中队因参加老河口战役而调走，留下两个班对看守所进行看管和警戒，由村上曹长代理所长职务，直到日本投降为止。

洛阳战役是整个豫中会战中国民党军队防守抗击最顽强的战役，也是损失最大的一个战役，仅根据守城部队第十五军的战后统计，军直和六十四、六十五两个师参战官兵 15 980人，伤亡损耗就达13 869人，伤亡占比 86% 。配属十五军作战的第十四军第九十四师，从战役报告估计，伤亡损耗也在 6 000 人以上。加上洛阳战役前后的龙门、嵩县、伊川、偃师、新安、渑池、洛宁、陕县作战，国民党军被俘人员达数万之多。除战场上被杀害者，洛阳战俘营关押过的战俘达 3 万人之多。

因为指挥一号作战的第十二军原驻济南，参加洛阳作战的主力师团一一〇师团原驻石家庄，在洛阳战俘营俘虏人满为患、无法容纳时，日军即把洛阳战俘向石家庄、济南的战俘营转移。仅 1944 年夏天几个月时间内，就从洛阳战俘营向石家庄战俘营转送战俘 1. 3 万多人，在转送大批战俘的同时，日军还把一部分战俘押解出营，用以拆卸洛阳以西的陇海铁路，修建洛阳以东的陇海铁路。之后，洛阳战俘营的战俘来来走走，至 1945 年 8 月 15 日日本投降时，仅剩下不到

300 人因祖国光复而被释放。

洛阳战俘营是日军利用原国民党西工兵营改建的，四周是一丈多高的围墙，墙内架设了能报警的铁丝网、电网，墙外挖了壕沟，四角筑有碉堡，可组成控制整个战俘营的火力网。

图 1　洛阳战俘营关押战俘劳工的旧营房遗址（何天义研究室拍摄）

战俘被押进战俘营后，开始被关在原来的营房里，屋里没席，也没被子，只散乱地扔着些秸草，算是床铺。开始几天因为战俘人数多，人们住得很拥挤，而且不得随便在院内走动。

战俘营里每天只给被俘人员极少量的粮食，有时给一把黑豆，有时给一把谷子，有时给一把玉米粒，有时能给一点稀粥或麸子皮汤，但一顿饭仅供应一小勺。据战俘张永顺回忆，有一次他数了数日军发给自己的一把玉米粒，只有 27 粒，这就是一顿饭。比张永顺更惨的唐金安被俘押到西工战俘营的前三天就没给饭吃，幸亏在被俘前他向一位老乡要了一把玉米粒装在身上，也是 27 粒，结果吃了三天，饿得他见啥都想往嘴里塞。有一天，他看见日军在煮黄豆，就找了一个破茶缸去舀了一点，还没吃到嘴里就被日本兵发现了，一边骂着，一边拿着刺刀向他戳来。多亏他跑得快，但也险些为此丢了命。曾有一个俘虏饥饿难忍，看到门口卖小吃的就上前抢了一个吃，被日本兵看见后当即用刺刀将其活活捅死。

图 2　洛阳战俘营关押战俘劳工的旧营房遗址（何天义研究室拍摄）

战俘董书琴回忆说，西工战俘营四个大井的水都干了，日本兵把洗脸水倒在地上，饥渴难忍的战俘们就趴到地上舔着喝。每天跳在井里喝水不幸被摔死而被捞上来的就有几十个人。半月后，日军说要提高战俘的生活条件，也仅仅是每人每天发给半斤高粱米，三四天给半缸污水而已。每当水被人用木桶抬进院子时，渴得将死的人，有的一走一拐，有的拄着棍子，有的在地上爬着，都疯了似的涌向水桶。然而，他们抢到的是上面发了绿，里面跟头虫、蛆虫乱游的污水。对战俘来讲，就是这污水也仿若救命的甘霖。

图3　洛阳市党史、文史、军史各届学者对洛阳战俘营进行座谈研讨（何天义研究室拍摄）

日军把伤病俘虏单独进行关押，100 多人关一间房，而且不给吃的。时值盛夏，伤员的疮口都不同程度地溃烂化脓，室内血气、脓气、脏臭气同说不出来的汗湿气混合在一起，使人恶心、窒息。苍蝇、蚊子日夜搅扰，让人无法休息。对于这些，日军一概是不医不药、不闻不问。伤轻的，日益恶化；伤重的，只能等死。每天都有战俘死去，死的最多的几天里，每天达到几十个。人死后，开始敌人不让掩埋，只是把他们抬在一起垛起来，上边盖一层烂席，几天工夫就垛了一大堆，令人目不忍睹。后来日军让战俘把死尸用草绳拴住脚脖，拉出战俘营，扔进墙外的壕沟里，连用土埋一下都不埋。每天都有一群饿狗在此争食战俘的血肉之躯，骨头、五脏被撕扯得到处都是，腐尸上苍蝇飞来飞去。开始的半个月，营内的战俘因管理混乱而伤病患者较多，死亡率很高，据战俘们回忆，幸存者仅十之三四。后来虽然有所改变，但条件仍很恶劣。

4. 跨越黄河的“死亡行军”

太平洋战争爆发后，日军向菲律宾展开进攻，在菲律宾巴丹半岛上的美菲守军与日军激战达 4 个月，最后因缺乏支援与接济，于 1942 年 4 月 9 日向日军投降，美菲联军被俘人员约有 7. 5 万人。日军为了将这批战俘运回本土使役，调动1 000多名日本兵强行押解他们到 120 千米外的奥德内尔战俘营。120 千米的行军对一名军人来说不算远，但对于连续几个月没有能源补给和食物供应而坚持作战的美菲联军而言，却苦不堪言。他们整整走了 6 天。一路无食无水，沿途又遭日军刺死、枪杀，致使 1. 5 万人被日军折磨而死。因此，盟军称巴丹行军为“死亡行军”。

攻占洛阳的日军是原驻石家庄的日军第一一〇师团，等洛阳战俘营人满为患时，一一〇师团就开始把大批战俘转往

图4　洛阳市各届史学工作者对洛阳战俘营万人坑进行现场考察（何天义研究室拍摄）

石家庄，准备进行短期训练后集体送往日本充作劳工。当时，郑州大桥还没修好，平汉铁路还没打通，陇海路的火车也不通，要把俘虏运到石家庄有两个途经：一是用汽车先把战俘拉到郑州，步行过黄河，乘火车北上；二是从洛阳北上过黄河，到怀庆府乘火车去石家庄。

1944 年 7 月，一批 800 人的战俘队伍被送往黄河以北的石家庄，在路上要走 4 天，坐火车一天半。由于被俘人员体瘦如柴，衰弱不堪，行走艰难，日本兵就将行走困难者当场刺死在路上。从炮二营房至西城角之间，仅2 000米的距离就刺死了 50 余名战俘，死尸就抛弃在路旁。几天后，尸体腐烂，惨不忍睹。

从洛阳西工到黄河北岸的怀庆府，战俘们要步行 125 千米才能改乘火车到石家庄，沿途不知有多少战俘因走不动而死于日军的枪刺下。坐上火车后，没到石家庄，不少战俘就病、饿、闷死在闷罐车里。从洛阳送往石家庄的战俘到底有多少？我们没有见到具体的数字，只知道石家庄劳工训练所接收的洛阳战俘是1.3万人。而在徒步行军中，在饥渴的闷罐车上死了多少战俘？一直是个谜。

从石家庄到洛阳的这次“死亡行军”，与盟军战俘在菲律宾的巴丹行军比，人数可能少些，规模可能小些，但徒步行军的距离要比巴丹行军远，受到的苦难折磨是一样的，同样也都属于日本法西斯虐待残害战俘的罪行。

5. 张法娃的土井

张法娃是第三区下池乡仁爱街村民，他家的土地就在西工炮二营（战俘营）的墙外。地边有条壕沟，地里有口水井。最开始时，战俘死了会先被埋到壕沟里，后来死的人多了，日本人就命令人往他家的水井里填。张法娃曾亲眼看到，一个日本兵押着4个战俘，抬着一具尸体扔进他家的水井。水井填进尸体就不能浇地，庄稼旱得不行，也无处去讲理。他在地里干活时，经常可以看到日军屠杀战俘、掩埋战俘的场景。死尸埋得很浅，水井里又不盖土，所以苍蝇乱飞，臭气熏人。张法娃种地时闻到臭味，就填土盖一盖，两个月的时间他就盖了七八层土，他家水井就填满了。井满以后，战俘营又在上面扔了3具尸体。尸体被狗吃得惨不忍睹，张法娃只好再次把剩下的尸骨埋起来。此后，战俘营又在他家耕地的东南角、东北角挖坑埋尸，到底埋了多少人，谁也说不清。

图5　参加万人坑尸骨井发掘的当事人（中）向本书作者何天义（左）介绍劳工尸骨发掘情况（何天义研究室拍摄）

1954年，为了审判日本战犯，人民检察院对与战俘营相关的人员进行了调查，并对管理洛阳战俘营的日军负责人上坂胜进行了审判。据1944年9月调到洛阳战俘营当翻译的路延廷揭发，被俘人员住在拥挤潮湿的屋子里，大多数没有被子盖，有的人只能赤着身睡在土炕上，因为怕战俘劳工逃跑，日本人晚上不允许其穿着衣服睡觉。关押后期，每人每天发不到一斤半的小麦，由被俘人员自己磨粉，副食、菜类经常不供应，有时即使供给，数量也很少。因饮食和睡眠不良，大多数被俘人员身体瘦弱，还生了疥疮。战俘们每天都得被迫去挖防空壕和从事其他过重劳役，在劳动中一不小心就会触怒警戒兵，就要挨打。尤其是该所管理方面的负责人上等兵门谷，对被俘人员虐待最甚，经常对被俘人员施以打骂，被俘人员稍有反抗，会打得更加厉害。被俘人员被门谷无理打骂后，病重死去的达二三十人。

被俘人员无论轻重病伤，日军一概不派医务人员给予治疗，除供应一部分外伤药品外，其他药品完全没有。因此，病伤被俘人员日渐增加，重者就凄凉地死去了。战俘死亡后，由日军管理负责人验过，再命令被俘人员的卫生员将死者身上的衣服扒下来，然后由后门抬出抛在营外的两口枯井中。有的战俘还呻吟着，就被扔到井里了。日军还让战俘组成拖尸队，每天从各个囚房里往外拖运死尸。拖尸队每人拿一根绳子，绳子两头拴着铁钩，用铁钩钩进死者的脚踝骨，背起绳子往外拖。到了冬天，雪地上尽是拖尸留下的痕迹。

日军少将旅团长、战犯上坂胜，也多次以口供和笔供进行了认罪交代。他说："我在同年 5 月及 6 月前后，视察过俘虏收容所两次。此时，我看见过俘虏因收容所的给养极为粗劣，大部分都很瘦，衣服寝具的供给又不够充分，几乎全部穿着原有的衣服。我于同年 6 月左右，在收容所南侧田里的干井中见到了五六个尸体，这可以很容易地判断出，就是收容俘虏营扔尸体的地方。这些尸体简直瘦得皮包骨头。一目了然，肯定地说，不是因营养失调致死，就是被饿死。"

1954 年 7 月，洛阳市公安局西工派出所和西工镇村民对西工兵营外的战俘尸骨进行了发掘，在壕沟内有 9 处掩埋着尸体，掘出头颅 22 个；在张法娃家的土井里掘出了大批尸骨和158个头颅，共计起出头颅180个。此外，据群众反映，尚有大坑六个未挖，掩埋尸体在百人以上，小坑估计更多。

张法娃的土井，按其本人所讲和同村群众证明，有18米左右深，井口长方形，长约1.6米，宽约1.3米。发掘到10米深时，因天气炎热和井深处尸体的肌肉还未化掉，臭气难闻，不能呼吸而中止。据张法娃讲，井内所盖的土层愈往下愈薄，而且是在堆积到将近一半井深距离时，才以土掩盖，在发掘过程中也证实了这一点。由此推算，全井共投尸体至少在300具以上。根据上述情况，日军在洛阳战俘营杀害的战俘和群众最少也在500人以上。这次尸骨发掘显示，有的死难者被麻绳、铁丝捆绑着，有的被麻袋、草袋、破被等裹着，有的是穿军装的军人，有的是穿着黑色衣服和皮袄的群众。被俘人员除病死、饿死之外，还有被屠杀的。这些大量的事实，充分揭露了日军在洛阳战俘营犯下的罪行。

二、中国版的“死亡铁路”

第二次世界大战期间，日本为了长期占领缅甸，修建了联结泰国曼谷和缅甸仰光的铁路。施工期间，总共募集了日军1.2万人（第五铁道联队），盟军俘虏6.2万人，并强征泰国数万人、缅甸18万人、马来西亚8万人、印度尼西亚4.5万人，共计约40万人。

为了赶进度，日军强迫战俘和劳工在气候炎热、瘴气笼罩、荒无人烟的山区，超负荷劳动，又不及时提供粮食和饮水，致使大批战俘和劳工病、饿、累死，整个工地尸横遍野。原计划6年完工的铁路建设任务，在工人高死亡率的代价下，17个月就完成了全长415千米的铁路。到战争结束前，死亡战俘达1.2万人，死亡民工达8.2万人。因此，人们称泰缅铁路为“死亡铁路”。其实日本修建的死亡铁路并非这一处。洛阳战役后，日军为了防止中国军队利用铁路运兵和利于日军调兵，也在陇海铁路上利用中国战俘劳工进行了拆路、建路的大规模施工，被折磨至死的战俘劳工达1万多人。战俘景云祥就亲身经历了这一灾难。

1. 景云祥的遭遇

景云祥是河南省南召县铁景乡铁牛庙村人，派壮丁时被分配到汤恩伯属下的中央军第八十五军一一〇师三二八团一营一排一班当下等兵，在叶县驻防。在河南战役爆发前的20天，他们部队奉命从叶县北上，开到了黄河南岸的汜水镇。当时开封已陷，郑州被困，汜水成了部队和日军短兵相接的前沿阵地，战壕就修筑在当年汉高祖和楚霸王对垒的鸿沟中，蹲在一人多深的战壕里，就能听见敌方战壕里日军叽里呱啦地说话。时而，他们向日军战壕里扔几颗手榴弹，时而，日军向他们扫射一阵机关枪。

河南战役爆发后，战火由郑州向洛阳推进。一天凌晨，日军向景云祥所在部队的阵地发动总攻。霎时间枪炮齐鸣，烟尘遮天，呼啸着的枪弹像流星似的拖着长长的尾巴，将黎明前的夜空照得如同白昼。经过几次冲锋与反冲锋，短兵相接的白刃战后，中国军队终于支持不住，在后无援兵的情况下，于上午8点左右放弃了鸿沟阵地，撤退到汜水镇东南方的一个土围子里。

这个土围离汜水镇有1 500米左右，与汜水镇成掎角之势。土围子里有东南西北四道门，筑有防御工事。三二八团指挥部及预备部队都在这里。当他们败退进入土围子时，团长和团指挥部的军官早已逃跑，只留下二营营长担任指挥。这时，土围子里有一个迫击炮连，两个机枪连，一个步兵连，加上他们这些从鸿沟败退下来的人，有一个加强营的兵力。

上午 10 点左右，日军从东、西、北三面包围了土围子，并发动攻击。他们在土围子里顽强抵抗，战斗十分激烈。中午时分，汜水镇方向的枪声逐渐稀落下来，估计那里已被日军攻破。不久，日军从汜水镇方向开来增兵，并向土围子里发射毒气弹。他们在土围子里没有任何防毒设施，很快就被熏得睁不开眼，喘不上气，丧失了战斗力，最后从南门突围溃逃。

从土围子突围出来后，他们与主力部队完全失去了联系。这时，往南走的路全被日军切断了，他们只得往西逃。

第二天黎明时分，他们遇上了一股正往西跑的陕西部队，就跟着他们一直跑到黑石关。当时，黑石关正在集结部队抢修工事，准备组织新防线，以求保住洛阳。可两天后日军一攻，部队就潮水般地退下来，争先恐后地往西跑。他们这支部队一口气跑了三天三夜。本想跑到洛阳去，谁知还没等他们跑到，洛阳就失陷了。他们只得继续往西，打算过潼关入陕西。

第四天上午，他们跑进了渑池南面的一片松林山岗中。炊事班刚开始立灶烧饭，对面山岗上突然出现了打着日本旗的部队。他们仓促地拿起武器准备抵抗，不料想传令兵却传来列队集合的命令。他们这支近千人的队伍就这样懵懵懂懂地做了俘虏。

事后他们才知道真相。原来这个部队见日军已经追上，就用了金蝉脱壳计，命令这个断后营的营长向日军投降，说是全军投降，实际上当官的利用这个机会逃跑了，用他们这批替死鬼来拖延日军的追击。日本鬼子见上当了，当众开枪打死了那个去求降的营长，把这个营的战俘押往洛阳西工战俘营。

残忍的日本兵为了使这些俘虏丧失反抗能力，先把他们分别关进几个大土窑洞里，六天六夜不给一点吃的东西。第七天，日兵从每个洞里放出几个人来，让他们到近处小麦地里去掐刚灌浆的麦穗，这样每人才吃到一小撮生麦粒。第八天早上，日本兵叫他们全部到洞外集合，这时洞里的人已死伤过半，挣扎不起来了。日军便用机枪把动不了的人扫死在洞里，接着又炸塌了洞口，这才押着景云祥这批战俘，送往洛阳西工战俘营。

这时的西工战俘营，已成了侵略者残杀中国人民的一个大魔窟。他们进去时里面已关押了 1 万多人，都是在这次战役中被俘的，从服装和番号看，汤恩伯属下的人居多。5 月下旬，又陆续押来了几批俘虏，这时里面关押的人数已近 2 万。

日军每餐只发每人一小茶缸发了霉的高粱米饭，大概是用来吊住人们的这口气吧。营内痞疾流行，每天都有大批人在饥病交加中死去。几天后，中国空军派来轰炸机，打算炸掉四角的碉堡和围墙，让战俘们跑出去，但飞行员投弹不中，非但没炸掉碉堡和围墙，反而炸死了不少中国战俘。

2. 洛阳西面扒铁路

日军占领洛阳及西部几个车站后，为了防止中国军队利用陇海铁路运送兵力反攻洛阳，7 月上旬，把关在战俘营的所有俘虏都押出去扒铁路。从洛阳西的观音堂车站开始，一直扒到洛阳止为，想以此来切断陇海线的东西交通，达到长期占领该地区的目的。

图 6　洛阳西站，当年战俘就是从这里往西扒铁路的（何天义研究室征集图片）

为扒了这段铁路，不知死了多少战俘！路基两旁，尸骨累累，鹰啄狗啃，其惨状叫人目不忍视。挖钢轨时，每根钢轨的两头各站着一个日兵，见谁不顺服，不是用枪托打，就是用刺刀捅。挖出来的钢轨 12 个人扛一根。当时人们都饿得头发晕，脚颤抖，再扛这么重的东西，实在很难支持，完全是靠一种求生的本能在生死线上挣扎。有的走着走着，“扑通”一下就跌倒了，12个人全压在钢轨下面。这时日本兵就走过来，嘴里一边骂着：“八格牙鲁！干活的没用，通通死了死了的！”一边用利刀挨个捅过来。有的人挣扎着从钢轨下爬出来，但杀得瘾起的鬼子兵仍不肯放过。当刺刀刺进腹部的一刹那，人会痛得弯下腰去，本能地用双手抓住日本兵的枪管，每逢这时，日本兵就双膝往下一蹲，再往上一挑，随着日本兵“嗨”的一声嚎叫，人就被挑出好几米远。更有惨者，连手指头都被削下来了。

每天出工收工时，那些被折磨得跟不上队列的人全被鬼子捅死在路上。更有甚者，无缘无故也会遭到飞来横祸。一天傍晚收工后，有三个喝了酒的日本兵嘻嘻哈哈地来到战俘劳工住处，拉出了原景云祥所在营部担任勤务兵的小战俘，叫他成大字形站着，两个鬼子一人拉直他的一只手，另一个鬼子站在他的背后，先用东洋刀比画了一下，接着就见他嘴一咧，举刀“嗨嗨”地吼叫了三声，小勤务兵的两只胳膊就被砍落在地。第三刀是从天门顶上劈下去的，一直劈到了腰部。那两个鬼子见此，拍手哈哈大笑起来，又是摇头又是摆手，看样子是说这个鬼子不行，最后一刀没有把人劈成两半。这个鬼子一边在尸体上擦着刀上的血，一边龇牙咧嘴地指着刀刃对那两个鬼子直嚷嚷，大概是说刀不快，不是他的劈杀技术不行。事后，三个鬼子说笑着扬长而去。战俘们看着这支离破碎的尸体，又是气愤，又是心寒。

还有一次，有个在军校被俘的学生兵在刨枕木时，将一块石块砸得飞起来，不巧将一个监工日本军官的眼镜打碎了。只见这个日本军官狰狞着脸走过来，刷地拔出东洋刀，寒光一闪，那个学生兵的头就咕噜噜地滚落到景云祥的脚下。由于砍得又快又凶，景云祥看到人头上的眼睛还在眨动，嘴巴还在一合一张地痉挛。情景之惨，令人毛骨悚然。

当铁路扒到新安车站路段时，在一个漆黑的雨夜，战俘打通了一个囚棚的后墙，逃跑了好几百人。其中有两个胆小的战俘，老老实实地待在里面不敢跑。但偏偏就是这两个胆小老实的战俘遭了殃。第二天早晨，日军叫战俘全体集合到一块空场上观看行刑，并说谁要是再逃跑，就像他们两个那样，“死了死了的”。

空场上早就埋好了两根供行刑用的木桩。日本兵把两个胆小老实的战俘拉出来，剥光衣裤裸体绑在木桩上。两个日本兵牵来两只高大的东洋狼狗，松开链条，用手指了指被绑着的两个人，对着狼狗哇啦了一句什么，那两只经过训练专门吃人的狼狗马上窜上去，直起前爪熟练地往上一伸，“扑通”一声就撕开了两人的腹腔，将一尺多长的嘴巴伸进热血腾腾的腔内吞吃人的内脏。挂在狼狗嘴边上的肠子和碎心肺嗤嗤地冒着血泡。不一会儿，两人的内脏就被狼狗吃光了。剩下的躯壳绑在那里好几天，不让其他战俘收尸。为了吓唬战俘，让其不再逃跑，日本兵每天出工收工时都押着战俘从那里经过。当时正是夏天，尸壳臭烘烘地生了蛆，情景甚是凄凉。

3. 洛阳东边修铁路

扒完洛阳西边的铁路，日军又押着战俘们把钢轨和枕木运到洛阳东面，用以修铺洛阳至郑州的陇海铁路线。这段铁路是“河南战役”前中国军队自己扒掉的，当时是想防止日军利用这条铁路运送兵力和辎重，想不到日军没防住，反轮到中国战俘来修铺。

这段铁路一直修铺到1945年才完工。修这段铁路比扒西边的铁路死的人还多。因为这时已是数九寒天，北风凛冽，加上饥肠辘辘，每天都有成批的人倒在雪地里死去。战俘们干活时经常会踩到大雪里掩盖的尸体。等修完铁路再押回西工战俘营时，幸存者已不足1/3了。短短八个月的时间，一万多名中国人的生命就这样惨死在日军的魔掌下。

进入1945年，中国战场上的战局形势急转，日寇已知前景不妙，开始把西宫战俘营的俘虏分批往后方遣送，准备押往日本充作劳工。1月上旬，第一批500余人被押出西工战俘营，不久就听说在黄河边上被八路军救走了。1月中旬，日寇将第二批500余人押往山东。由于害怕又碰上八路军，日本人将战俘装进伪装了的火车闷罐车，历时七天七夜才将这批战俘押到了山东济南，景云祥也随其他战俘来到了济南战俘营。后因日本失去了制空权，往日本押送劳工的轮船经常被盟军飞机轰炸，向日本输送劳工的计划在1945年3月被迫停止。景云祥这批战俘就这样滞留在济南战俘营，在当地做劳工服苦役。直到日本投降、抗战胜利，他才从济南战俘营出狱。出来后一打听，他们这批从洛阳西工押来的500名战俘，除一人听说被送到东北下煤窑外，就只剩下景云祥和郭永志两个人，郭永志还在狱中瞎了一只眼睛，其余的人都惨死在这座魔窟里了。

三、从洛阳到长野

他叫陈玉川，河北省正定人。在外国侵略者进入中国后，他家是受害比较严重的家庭。1890 年八国联军侵略中国时，曾有敌人闯入他家，将他的爷爷奶奶打成重伤，其父陈在之回家见到如此惨境，一怒之下抄起自练武术使用的红缨枪，就同敌人交了手，结果被敌人刺伤 7 处，险些丧命，经过 3 个月的治疗，才算是保住了性命，但身上落下了 7 处疤痕。这件事情对陈玉川的刺激很大，他从小就对外敌入侵非常憎恨，发誓报国从军。

1. 随父寻哥到军营

1937 年农历九月初六，日本侵略者进入正定城内，奸淫烧杀，掠夺财物，悲剧不断发生。富豪士绅吴赞周在正定县成立了维持会（后来又当了河北省的伪省长），找到陈玉川家，要其父和他一同给日本人办事，被其父亲拒绝。吴赞周很生气，从此与其父断绝来往。

当时，陈玉川的大哥在家做小买卖，二哥在中央军十五军六十四师一九一团通信排当排长，三哥在国民党空军当飞行员。家里不种地，也没有什么大生意，就依靠他两个哥哥

图7　陈玉川，河北省正定县人。原国民党第十五军卫生员，亲身经历了华北正面战场的两大惨烈之战——中条山战役和洛阳战役。洛阳战役被俘，先后被关押在洛阳、郑州、石家庄、塘沽战俘营，后被强掳到日本长野上松大成建设株式会社修建水电站。日本投降后，历经磨难才返回故乡（何天义研究室征集图片）

捎点钱回来接济。为了生活，其父在正定县北关村一所私人学校里当了一名教师。后来因为母亲去世、生活困难，父亲就带着二嫂、妹妹和他举家西迁，由敌占区河北正定到游击区山西绛县寻找当兵的二哥。二哥为他在部队找了一份差事，在团部卫生队当护士。当时他 13 岁，任务就是随军作战时做急救、抬担架、救护伤病员。

1941 年 5 月，日军大举进攻中条山，他们团驻扎在三叉河一带。那年陈玉川 15 岁，部队挑选年轻力壮的护士跟随部队，其余的就命令退下去。他跟随部队退到了七里河东桑池。天不亮，日军飞机就前来轰炸，二线人员和老百姓都纷纷往下退。第一次来了 5 架飞机，大家看到飞机都急忙趴下，不敢动。刚过去一批，接着又来了 5 架，不断地轰炸。陈玉川的父亲就是在这天被炸死的，尸体被遗弃在一个山坡上，因正在打仗，白天也没顾得上掩埋。到了晚上，他在附近找了几块砖头和几块板子，才把父亲就地埋葬了。

刚埋完父亲，当晚日军又打了过来。由于当时他们处于不利的条件，只能后退，一直退到了铜山镇，在那里住了 20 多天。打的是游击战，整个团隐藏在石门一个山沟里，山沟两面都是高山，2 000多个日本人在他们的后边跟着。他们一进山就兵分两路，分别隐蔽在两边的山上，架起重机枪、迫击炮，准备好手榴弹。他们只有一个团的兵力，要打2 000人的日军，仗打得很艰难。日军攻了 11 次，在战斗中双方都死了很多人。后来日本人放了毒气，中国军队都退了下来。他们在中条山地区转了 50 多天，在垣曲、绛县、晋城、济源等几个县城里活动，最后从孟津渡过黄河。过黄河的时候，由于船不大，人太多，很多人被挤到河里，不少人被淹死了。他们总算过了黄河。

2. 洛阳作战被俘虏

过了黄河后，他们先驻扎在三门峡，1943 年又被调到洛阳。当时十五军有两个师，军长为吴廷麟，他们六十四师的师长是姚北辰。陈玉川仍在一九一团卫生队，由护士提升为司药。卫生队里有 100 多人，主要任务是训练学习，他们当时都称其为“三操二讲堂”，其实就是一天出三次操，上两堂课。当时政治课较少，主要是业务课。十五军还办了医生、护士训练班，不久陈玉川又当上了护士班班长，负责去军部药房领药。药房有急救包、止痛药，不过数量很少，药用完了就要去军部领取，每次去时背个医药箱，回来只能领上半箱。

洛阳战役开始前，他们住在洛阳城南，后来部队转移到洛阳西工兵营，他们团负责守卫西工。战争开始后，他们在一座石桥上与日军展开拉锯战。由于他们只有迫击炮，怕打坏了桥后石头掉下来，不敢连续进攻，于是白天日军攻上来，晚上他们又把敌人打下去。一天晚上，他们卫生队的几个人钻地道摸进敌人阵地，用手枪和手榴弹同日军打了一阵，最后主动撤离了。

陈玉川的二哥在运输连，因情况紧急被调到前线。战斗中，他的二哥受了伤，脑浆都被打出来了，战友们把他送到两三里地外的军部医院，但最后也没能救过来，陈玉川也没能见到他最后一面。上级让他们军坚守洛阳一个月，说是守一天给多少钱。可后来实在守不住了，他们就退到洛阳城内，又坚持了两天。第三天，日军发动总攻，在天刚黑时攻进城里，他们团就往外突围，一直到天明也没有冲出去。就这样，经过50多天的战斗，洛阳城被攻破，他们一起四五十人也被敌人俘虏。二哥作战牺牲，自己被俘，二嫂和妹妹也不知身在何方，侵略战争让陈玉川家破人亡。

被俘后，他们先被抓到洛阳城的第七仓库关了7天，每天吃的是凉水拌麸子面。每个人都被绑着胳膊，一个串着一个。仓库不小，里面关了四五百人，也没有人管，就是不让出去，也跑不了。后来，日军把他们押到西工集中营（原西工兵营的第八营房）。当时天气很热，每天不到 5 斤的高粱米供 100 人吃，有时连高粱米也没得吃，营房的树叶都让他们给吃光了。伤病的俘虏有 100 多人，被另外关进一间房，不给吃的。许多人受不了这种煎熬，渐渐死去了。每天都有人死亡，有时一天拉出去两个，有时一天拉出去三四个。

大约 6 月，日军把他们押上卡车，押送到郑州。由于担心战俘跳车逃走，一路上，日军不让汽车从村里过，所以路很难走。到了郑州，已经天黑了，经过一路的颠簸，战俘们疲惫不堪，好长时间也缓不过来气。他们住在河南第二监狱，每间小屋跟狗窝差不多大，站不起来。外面有日本兵站岗，里面也没人管，但有做饭的，每顿饭都是拌面疙瘩。无人告知他们将要做什么，也不打不问不审。住了五六天，就被押往石家庄。他们由郑州监狱渡过黄河，被押上闷罐车。车里挤得很满，一个人挨一个人，只能在铁板上睡觉，什么铺盖也没有。当时大约是 6 月，天气很热，人们饥渴难耐，但日本人仅在经过邯郸时才停车给了一次水，每个人喝了一小盆子的凉水。在火车上，很多人都想逃跑。当时车上有个小窗子，可以钻出去，再用绳子顺着溜下去就可以逃跑，但因车上有日本兵严密看守，他们无人敢跑。

火车走了几天，到了石家庄。下了火车，他们排队从车站走到南兵营，只见门前挂着一个牌子，上面写着“石门劳工训练所”几个大字。周围一道铁丝网，一道电网，电网与铁丝网之间是一道大沟，电网最外面还有一堵围墙。他们从北面的东门进去，把衣服脱了，把钱物都交了。陈玉川把身上带的几十块钱也交了，训练所管理人员说上交的钱出所时将退回，但后来也没有给。他们住的房子是挨着地窖南边的一排破屋，一间房子里住 300 人，两边是床，中间是过道。战俘睡的都是木板床，睡觉时直接躺到上面，没有铺盖和枕头，连砖头也不让枕，谁要是枕了，让日本人看到就会被打。

半个月后，日本兵把陈玉川等人编入赴日劳工队并换发了衣服，把他们从石家庄南兵营押出来，再用火车送到天津塘沽。在火车上，陈玉川发起高烧来，当时烧得非常厉害，渴得嗓子都要冒火了。他不停地叫喊，就是没人搭理。他就使劲地大声喊，有一个翻译官（是个中国人）过来了，拿清凉油给他额头上抹了抹，也不管事。于是他又大声地喊，直到把日本人喊来了，给他弄了些水喝，才算坚持下来了。

在塘沽，他们被关押在海边的战俘营，离海只有几十米远。海边的鱼腥味很浓，涨潮落潮时，小死鱼都翻了上来，因为天气热，臭气熏天，熏得他们头疼，十分难受。

在这段日子里，他们吃的也是高粱米做的粥。住的房子是最西边的一排大房子，宿舍又黑又脏，而天不黑日本人就把窗户给钉住了。300 人挤在一个长铺上，天气炎热，又不透风，浑身上下大汗淋漓，挤在铺上想翻身都翻不过来。尤其是病号，更是难以坚持。

农历六月，他们坐船前往日本。坐的是小货轮，不算很大。底舱是空的，什么也没有。走了半个多月，一路上，由于发病，陈玉川身体抽搐，四肢伸展不开，只能蜷缩着，也吃不到药，只有吃饭时能有点水喝。后来病痛稍微轻点，能走动了，但还是时不时会痛得无法动弹。

3. 在大城发电工地

他们在日本下关港下的船。下船的时候，他们四五个生病的留在了船上，在船上又待了两天，不管吃饭，只给咸菜吃，吃了两天的咸菜。有一个生病的战俘劳工，日本人说是要送其回国，后来却没了消息。接着，日本人让他们脱光衣服洗澡消毒，日本妇女端着药碗，拿药给他们每个人的手心里抹一点，让他们自己往小便处涂抹。消毒后，日本人又把他们分成两队，他们这一队有300人。战俘们坐火车走了一天，才到达长野县西筑摩郡大成建设株式会社上松作业所，任务是修建发电厂。

在发电厂的工地上，陈玉川所在的劳工队的任务主要是挖土挑地基、抬石头、扛木头。他们住的是木头房子，连房顶也是木板的，中间是过道，两边是用木头钉的床。吃的是大米糠掺了1/3的黑次面蒸出来的饭团，一拿就散了，只好用两手捧着吃。人吃了这种食物后大都会便秘，解不下大便。

有一回，一个名叫“土飞”的日本人，把陈玉川叫到办公室，让陈玉川教他学中国话，他教陈玉川学日本话。陈玉川就一句一句地教他，他问陈玉川的生活情况，陈玉川说吃不饱。他似乎有点不信，给陈玉川拿来5支香烟，端来5大碗水，非要让陈玉川喝完，还说不喝完就要挨打。陈玉川当时怕打，也确实饥饿，一会儿就把5大碗水喝完了。可见当时的饥渴程度。

在工地上，日本人经常殴打中国劳工，不管你在做什么，想打就打，说打就打，根本不把中国人当人看。有一次，一个日本人让陈玉川仰面躺在地上，叫小队长用木棒打他的小腿，打完也不说为什么，以至于他很长时间不能正常走路。又有一回上午吃过饭，“土飞”叫小队长打战俘劳工耳光，每个人都要打。一次装车抬石头时，陈玉川不小心砸了手，疼得他抓着手想缓一缓。一个日本监工看到了，拿着一根铁棍子朝他的头部就打过来，打得他头破血流，当时就昏死过去。监工不管他的死活，还借机警告其他战俘说：“好好干，否则就这么打你们!”后来还是几个难友把他抬到屋里，卫生员、书记员带他去医院看病，日本医生给上了点药，用布缠上就算完事。几天后，伤口化脓不能干活了，日本人看他伤成这样，而且这伤又是日本人打的，才让他休息了一个月。

在日本，陈玉川和难友们吃的饭团中掺了从中国带去的玉米面，由于长时间存放，加之天气又热，玉米面发了霉、生了虫，蒸出来的饭团像虫子蛋，又苦又脏又恶心，不吃饿得心慌，只好闭着眼睛吃。因为吃不饱，好多人还经常吃野菜、青草。有一次，他们觉得吃的菜挺好吃，就问做饭的是怎么回事，对方回答说是日本人捉了一条蛇放到菜窝里了。从那以后，大伙就经常捉蛇、老鼠烧着吃，有的人敢吃，有的人不敢吃，吃了心里总感觉不舒服。他们喝的水是从山上流下来的溪水，是经过朝鲜人宿舍门前流到他们这里的，水很脏。一次清理水沟时，有人发现沟下面的长尾巴蛆就有一尺多厚，使得大家长时间不敢吃饭，想起来就恶心。由于经常吃这样没有营养的饭食，导致战俘劳工队 85% 的人都得了夜盲症，一到傍晚就看不见了，严重的眼都瞎了，他们班就有三个人瞎了，班长孙章欣也瞎了。到日本干了一个多月，好多人的腿都出现了浮肿，陈玉川的腿肿得最严重，从脚到腿肿得特别粗，而且还发亮，脚肿得穿不上鞋，睾丸肿得像个小皮球。有一个叫巨保田的日本警察对待战俘劳工比较好，战俘反映日本监工殴打他们的事情，巨保田就说："他们打你们，你们就跟他们打，我给你们做主。"由于日本人都怕警察，从那以后，日本监工基本上不敢随意殴打战俘劳工了。

4. 寒冬终于过去

日本企业主只发给这支劳工队每人一身单衣服，到了冬天，衣服已破烂不堪，也没有棉袄穿。战俘劳工在路上拣到一些烂布，就缝补到衣服上。有的则拣了一些软水泥袋，套在腰上、腿上，用草绳绑着，能稍许遮挡些寒冷，晚上睡觉时也不敢脱衣服。

在大成，木柴不缺，可以洗热水澡，他们见朝鲜人用木头烤火烧水，于是也烤火烧水。但时间不长，日本人就不让他们用热水洗澡了，而让他们到河里洗澡，说是为了锻炼锻炼。寒冷的冬天，日本人还让他们光着身子在水里作业。水深齐腰，有时能到胸口，在水里干完活上来就得烤火。记得有一个河南人冻得难以忍耐，为了找点柴火烤火，不幸从山坡上掉下来摔死了。在日本，死人是很常见的，有一个战俘因为每天思念家里的人，成天以泪洗面，没过一个月就死了。有许多瞎掉的战俘，大都因为承受不了各种痛苦，也一个个地死去。还有一个难友是在铁路上干活时被轧死的，他的身体被轧成一块一块的，其状惨不忍睹，陈玉川和难友用篓子把他收拾了一下，背出去烧掉了。

说到日本投降，还是一个翻译官（其实是个书记员，学会日语了）告诉他们的。一天，这个书记员去火车站看病，看到日本人都跪在一个大喇叭下听着什么，因为他懂些日语，也就听到了日本投降的消息。回来后，他马上告诉难友们。起初大家还不相信，后来有朝鲜人也跑来跟他们说日本人快不行了，而且那些天每天都有飞机盘旋，白天不来，晚上经常来，于是他们也就肯定日本投降了。有人就说："那咱们还干吗?"有人回答："还是先干着吧。"所以他们就决定先干着试试，日本人的确骂得少了，打得少了。不过还有一个年纪大的日本人嫌他们不干活，不停唠叨，他们就打了他一顿。

后来，进驻郡里的美国兵和那里的其他中国劳工也到他们这里了，劳工队之间联络上了。有一次，株式会社的工头经过他们的住地，大家对他非常愤恨，就一起过去拳打脚踢，把这个工头打了一顿。打过他后，他还托美国人向中国战俘劳工道歉，劳工事务所还给每个战俘劳工发了一点零用钱。

日本投降后半个月，陈玉川所在的劳工队为死难劳工开了一次追悼会。日本的企业主参加了追悼会，还深深地鞠了一躬，并且请了个日本和尚来念经。灵堂上摆着 70 多个骨灰盒，让人看了都心酸。许多人都是病死的，死后先被装进一个木匣子里，然后泼上汽油，放些木炭，再放些树枝，就这样烧了。当年刚到这里时还是活蹦乱跳的青年，如今却都变成了一捧灰土。他们不愿意自己的难友留在日本变成孤魂野鬼，200 多个幸存者背着 70 多个骨灰盒，从长野坐火车到九州，再坐美国军舰回到祖国的天津。

四、从洛阳西工到日本枥木

他叫白祺华，家住河南省许昌县长村张乡白庄村。1941年，他在安徽省临泉县读书，被人骗去参加了国民党的军队。洛阳作战被俘后，他被日本帝国主义者押到日本东京的枥木县铜矿充作苦力。其间，他和同胞兄弟在日本帝国主义的荼毒下，受尽了惨绝人寰的凌辱，过着猪狗不如的生活。

1. 洛阳浴血

1944年春末，日军攻占郑州后，集结重兵，准备西犯洛阳。当时，白祺华正在国民党第十四集团军第十五军（军长武庭麟，师长李子刚，副师长高水林，团长杜文）服役。5月初，他们正在新安县整训，接到了蒋介石委员长的命令，要他们十五军守卫洛阳，抗击日寇。他们立即出发，在军长武庭麟的率领下，半日就赶到了洛阳。由十五军的六十四师守卫西工，六十五师防守邙山一线。白祺华所在的一五四团的任务是守卫洛阳正北20千米的邙山岭华毛沟。

洛阳战役是5月8日打响的，战斗先由龙门开始。前几天的战役中，他们那里并无战事，部队每天不是加固工事，就是擦枪磨刀，随时准备参加战斗。十四军的九十四师和十五军的六十四师的弟兄们打得都很英勇顽强，日军每前进一步都付出了巨大的代价。尤其是河南籍的士兵，为了阻住日军军车向西工的进攻，他们身缠手榴弹，看到战车一过来，就立即冲上去，有的卧倒在战车前进的路上，等待战车辗压；有的向战车履带内边钻；有的登上战车，把手榴弹塞进战车里……这样，炸毁战车 10 多辆，使广大士兵备受鼓舞，决心像他们那样多消灭几个鬼子，坚守好阵地。

14 日拂晓，十多架日机对中国军队的阵地扔了一阵炸弹后，日本的大炮就接着向他们的阵地轰击；炮声刚落，十几辆日本战车掩护着步兵就推进到了他们的阵地前沿。由于一五四团阵地外壕既宽且深（约 3 米深、5 米宽），敌人战车无法通过，日军步兵的进攻失去保护，目标暴露，被一五四团重机枪连居高临下一阵猛射，日本鬼子非死即伤，只好丢下具具尸体抱头鼠窜。这样的战斗持续了几日，白祺华所在连的战士被日机和重炮炸死的与日俱增。

一日正在激战，突然一架双翼飞机飞临阵地上空，撒下大批传单，说是中方飞机明日参战，机头为红色，见之切勿射击。第二天天刚亮，十来架日军飞机从北边低空袭来。正在此时，西边高空突然俯冲下一大群红头飞机，几分钟的工夫就把日机全部击落了。阵地上出现了一片欢呼声，接着是震耳欲聋的手榴弹爆炸声、机枪怒吼声和与日军拼杀声。据当时传说，中国军队当日歼灭的日军就有两三千人。在以后的日子里，由于从孟津强渡黄河之敌与郑州西来之敌从一五四团阵地的北面一起攻来，他们受到了夹击，但重机枪连的弟兄们不畏强敌誓与阵地共存亡，日日夜夜坚守在阵地上。战事处于胶着状态，敌人上来了，他们就抱住机枪拼命地扫射；敌人退却了，他们就休整待战；先后击退敌人大的进攻27次。

5月23日，天刚蒙蒙亮，日军又向他们的阵地发起猛攻。天上飞机炸，地上炮火轰，战车步兵黑压压一片，白祺华等重机枪连的兄弟们同仇敌忾，个个瞪着血红的眼睛，抱着机枪狠命地扫。打死前边的，后边的又上来了，怎么也打不完。将近中午，该连弟兄死伤过半，大有支持不住之势。恰在这时，他们接到收缩战线、向洛阳城东关撤退的命令，于是边打边撤，到晚上方到洛阳东关。胡乱吃了点东西后，白祺华所在的重机枪连被分配在一个十字路口构筑工事。

5月24日天刚亮，一群日军飞机又到了洛阳城的上空，先是一阵狂轰滥炸，接着丢下了不少宣传品，然后掉头而去。他们拾到宣传品，上面写着："你们六十五军打得很好，我们很佩服。现在，我们把你们围住了。你们的援军在灵宝被我们阻住了，救军到不了啦。快投降吧！投降了，同日军享受一样的待遇。只要你们12点以前举白旗，就不打你们。"指战员看后，个个义愤填膺，有的还骂道："狗日的侵略者，白日做梦去吧！"直到日头过了中午，谁也不投降。

大约在下午一点钟，日军倾巢出动，对洛阳城发起了总攻。天上的飞机，地上的战车步兵，从四面八方涌了过来。炮弹、手榴弹的爆炸声，枪声、喊杀声响成一片，洛阳的天、地似乎都在晃动。不久，他们眼前出现了日本步兵。重机枪二连的弟兄们个个抱定与国土共存亡的决心，趴在麻袋垒成的工事后面拼命射击，日军丢下一片尸体龟缩了回去。就这样，他们又接连打退了敌人的4次进攻。

太阳偏西时，日军战车开道，步兵紧随，又向他们冲了过来。日军先打炮弹，接着发了催泪弹。士兵们都打起了喷嚏，眼睛也睁不开了，酸得直流泪。但是他们仍不后退，一个劲儿地射击、扔手榴弹。最后，敌人向他们发射了毒气弹，这下大家受不了，几个弟兄倒下了，其余的各找东西捂住嘴往后乱跑。日军此时逞起了威风，炮弹、枪弹像雨点般地向他们袭来，士兵们一个个倒下去，被日军践踏，被战车辗压。快到晚饭时，日军停止了大举进攻。十五军的军长、师长都找不到了，只有一个副师长把部队集中起来训话。全师仅剩千人左右，重机枪二连的连长、排长都牺牲了，全连只剩下七八个人。白祺华所在班也只剩下他和副班长。副师长训话说："现在，我代理师长，大家要听我的指挥。东西该扔就扔，只剩武器。只要冲出去，就是胜利。"副师长指挥他们借着夜幕往外冲，刚越过外壕和铁丝网，由于不知工兵在外埋有地雷，一下把自己的人炸死不少。这下可糟了，地雷爆炸声惊动了鬼子，他们调集兵力把六十五师残余部队包围了起来。当他们又组织往外冲时，日本人打起了照明弹，他们全暴露在日军的机枪口下。日军一阵扫射，他们被打乱了，但都各自为战，奋力往外冲。机枪二连冲到七里河时，副班长胳膊受了伤，他们顾不了许多，跃身就跳进河里往外冲。水有一米多深，当他们刚过河上岸时，白祺华的左脚趾就被打断了，副班长的右臂也被打伤了。在照明弹的亮光下，他们发现前面也是日军的堡垒，就折身又跳入河里拐了回去。来到外壕里，他俩休息了几分钟，包扎了一下伤口，就听到东南角有冲杀声，他们赶紧冲了上去。走了一里路，过来十来个人对他们说，往东南冲不行了，一连营长带人从鹅翎口冲出去后，日本人加紧了防范，路已卡死。听说城东北过铁路没有日本人，他们十几个人就决定向东北方向冲。走了约 15 千米，到了铁路边。路上，白祺华昏倒了 3 次，都是被副班长叫醒的。

天明了，由于附近的麦子已被日本人的机枪扫平了，他们无处藏身，看了一下铁路四周没有敌人，就直起腰拼命向铁路对面跑去。

2. 被俘受辱

就在他们将要跑上铁路的时候，突然听到一声高叫："不用跑了！天明了，跑不了啦！"他们定神一看，斜刺里跑过来一个汉奸，端着一杆长枪，刺刀上挂着一件白布衫，正向他们喊话。就在他一定神的工夫，一大团日本兵把他们围住了，机枪架在四周。他们奔波了一夜，大都无枪，无子弹，个个精疲力竭，完全失去了抵抗能力，被日军逼到铁路旁的麦地里，无处可逃。在离他们不远的铁路路基沟里趴着的百十来人，也被日军和伪军赶了过来。一个汉奸走过来给他们训话："太君说，十五军可恼，但也很佩服，把他们华北几支部队都打了。太君说，应该用机枪把你们绞死，但汪

（精卫）主席说，都是中国人，只要不捣蛋，听指挥，可以不杀。现在，给你们三分钟时间考虑一下，愿意投降的就站出来！”

三分钟过去了，五分钟过去了，大家不说也不动。发怒的日本鬼子像恶狼似地闯入他们中间，把没受伤的和轻伤的军人一个个架了出去，押回洛阳城里去了。白祺华等几十个伤员被押到附近一个叫大杨树的村庄里集中看管起来。接着，又从其他地方押解过来100多名伤病员。这样，大杨树村变成了一个临时的战俘伤病员集中营。这里，没有一个医生，更谈不上什么药物。日军在村四周严密把守着，任伤员自生自灭。白祺华和副班长伤痛难忍，只好在农户家里找点盐水洗一洗作为治疗。重伤员们，有的高烧不止，有的昏迷不醒，每天都有人死去。伤较轻的人，看着自己同胞伤口溃烂的样子，听着同胞痛苦的呻吟，摸着同胞冰凉的尸体，无不怒火中烧，但又束手无策，那滋味非身临其境而无法言状。在大杨树集中营的一个星期里，就有30多个战俘被折磨死了。集中营里没有伙房，每人发了2斤干苞米籽和少量的油盐，战俘只能从群众那里借来炊具煮了吃。有个别伤轻一点的，再借来小花磨，磨成苞米糁子，烧成粥或用开水烫一烫，拍成薄饼充饥。这些饭食对于重伤员来说，很难下咽。

3. 西工兵营

在大杨树村待了一些时日，白祺华这些战俘又被押解到西工战俘营。他们这100多人被分关在两个屋子里，屋里没席、没被子，只散乱地扔着些秸草。每人给了一把干玉米籽就算是他们一周的伙食，一滴水都不给喝。

与白祺华一块儿被押进西工战俘营的还有河南新郑的战俘唐全安。他原在第十四军九十四师二八二团当兵，该师除师长逃出外，副师长、参谋长以下大都被俘，被关进战俘营的前三天里，日军不给饭，也没给水。

过了四五天，一个晚上，日本兵突然闯进住房，把班长以上的战俘都提走了，说是把他们送到后方去。这次共提走200余人，以后，白祺华再也没听到过他们的消息。一周过去了，日本兵又给每人发了一把玉米籽，还是茶水皆无。八九天一过，大家都饿得走不动了，渴得呼天叫地。不少人都脱光衣服，把胸膛紧贴在地面上，吸纳大地尚存的一丝凉湿之气。

时值盛夏，伤员的疮口都不同程度地溃烂了，室内血气、脓气、脏臭气，同汗湿气混合在一起，使人恶心、窒息。苍蝇、蚊子日夜搅扰，令人痛不欲生。面对伤员们的惨状，日本军人一概冷漠处之，既无药品，更无救治。伤轻的，苦苦挣命；伤重的，凄凉等死。每天都有许多伤员不幸离世。对于死去的伤病，日军让其他战俘捡些烂布绳子拴住脚脖，赤身裸体地拖拉出去，随意扔进壕沟里，一抔黄土也不与。由于尸体被露天抛弃，每天都有无数饿狗在这里争食残肉，将骨头、五脏拉得到处都是，一阵阵腥臭无法抵挡。目睹这种惨象，过往行人禁不住潸然泪下，亡了国的中国人竟是这样的下场！

白祺华的伤口也发了炎，脚肿得像发面糕一样，只是年龄小，内里没病，尽管饿得心慌意乱，疼得浑身发颤，也还能勉强支撑。所幸的是他在从华毛沟撤回洛阳的路上，在大街上捡了两支牙膏，原想打完仗刷牙用，装进了衣袋，不料这时派上了大用场。每当饥渴难忍时，他就把牙膏当宝贝似地拿出舔几下，因此救了他的命。半月下来，西工战俘营里的被俘人员，幸存者仅十之三四。

半月后，日本人说要提高他们的生活，但也仅仅是每人每天发给半斤高粱米，三四天给半缸污水而已。那污水混浊不堪，杂着飞蛾蚊虫的尸体，可大家也只能咬咬牙喝下去，维持基本的生理需求。战俘们20多天没有进肚一点见过火的东西，过着类人猿都不如的原始生活。他们心里是多么渴望着咂巴口热汤或吃点熟的东西呀！大伙馋巴巴地反复思量着，见大院里长着一棵一抱粗的大榆树，就开始打起它的主意。他们用砖头把树皮砸下来放在日光下晒干，可没有火种仍喝不上开水。他们又把棉衣的旧套子（旧棉絮）夹在两块砖间用力反复来回搓，直到把套子搓糊，再把套子拽去一些，除去砖头面，用嘴慢慢地吹，吹着后，燃上干铺草，点着树皮，把茶缸用砖头支起来，把水烧热了喝。每人虽然只能喝上一口半口的，但心里别提有多顺畅。然而好景不长，没几天，两米多以下的榆树皮被剥了个一干二净，热水就又喝不上了。可恶的日本兵对伤病员毫无人性，百般摧残，一点不给治疗。白祺华的腿在西工大院里不到半月也开始感染了，由下到上整个左腿肿得像小水罐。病毒的感染使他高烧不止，白天黑夜说胡话，几次昏死过去。也算他命大，身旁有一个弟兄在上厕所时，无意中发现院东北角有一个大窖坑，陷下去两米来深，坑底的一个小凹窝里残存着有洗脸盆大小一片水，水里蛤蟆蝌蚪来回游动。他慢慢地下到坑底，捉了几尾蝌蚪，拿回来放在白祺华嘴里。这样，一连四五日，白祺华的高烧竟慢慢地退了下来。这个秘密水坑的发现，救了他的一条命，在以后的日子里，他每日把坑里的水珍惜地取回，慢慢品尝。然而没过几天，就只能取回一些污泥了。虽然是污泥，对白祺华也是无价之宝，拿它敷在红肿的左腿上，不仅能感到无尽的清爽，还起到清热消肿的作用。

4. 转移石门

白祺华这批战俘在洛阳战俘营痛苦地煎熬了 40 多天。一天拂晓，日军打算遣送他们到后方去。凡能走动的都跟着，走不动的就留下。所谓留下，就是用刺刀挑死。白祺华慌忙拿住身边那根榆木棍，拄着棍跟着队伍跑。他前边有个人不知什么原因被拉下两三步远，一个日本兵二话不说，走上去抓住他的衣领便把他拉出队伍，拉不动就用脚踹肚子，然后，一刺刀就给刺死了。当时，日军杀一个中国人比杀一只鸡都简单，他们看着谁不顺眼，刺刀一捅就了事。日本兵还时不时地喊上两句："快跑，死了死了的没有！"白祺华的腿尽管肿得红溜溜的，他仍咬着牙坚持着。路上他也曾被队伍落下过两次，但每次看到押解的日本兵向他走来时，就拄着棍子赶紧咯噔几下，保持着不掉队，方才保住了一条命。

唐金安所在的战俘队伍也是徒步行军。从西工出发时，每人被绑着一条胳膊，三人一串列成一行，几百人成一队，两侧由日本兵押着，被赶到洛阳北面2.5千米远的铁斜，在路上走不动的战俘，不是被日军捅死，就是被日军打死，仅唐全安亲眼见到的就有十几个。在铁斜渡过黄河后，他们又步行到怀庆府（沁阳），坐上闷罐车被送到石家庄。

杨天义，湖北襄阳人，在国民党第十四军九十四师二八二团当了6年兵，洛阳战役中，他的腿负了伤，被俘送到西工战俘营。他在营里待了两个多月，刚进去前几天没有东西吃，后来每天两顿饭，每顿约一勺高粱米稀饭，也不给水，连饿带渴死了很多人，他亲眼看到自己的战友在死后被拖出战俘营。向石家庄转移时，他腿伤未好，还有些肿，也被编入队伍同行。由于怕被日本兵刺死在途中，他一直不敢掉队。一路上，有的人饿得捡西瓜皮吃，有的渴得走不动，看到路旁土坑里的脏水也抢着喝，押送的日本兵看到就毒打轰赶。几天的徒步行军，沿途病死累死不少人。他们这支战俘劳工队伍，从洛阳向北，在刘秀坟附近渡过黄河，步行到安阳，才被装进火车闷罐车厢，押送到石家庄。洛阳战役后，仅两三个月，就有1.3万多个战俘被从洛阳战俘营转到石家庄战俘营，白祺华、唐金安、杨天义先后到了石家庄。刚到石家庄，日本人就把他们领进一个大院里，然后命令他们把衣服都脱光了，接着上来两个日本人把他们一个一个架起来，往事先准备好的水池里一扔，接着再往下一按，等全身浸了水就拉出来。他们不知是怎么回事。后来才弄清，这是日本人在给他们消毒。消完毒，当时并没有让他们穿衣服，而是把他们关到一间屋子里，第二天早上才把衣服给了他们。石家庄战俘营也人满为患，战俘多得没房子住，不少人就住在临时搭建的草席棚里，睡在铺着烂草的土地上。日本管理人员给他们训话说："你们的，身体素质好好的有，今后，苦力的干活，死啦死啦的没有了！"

在战俘营里，他们每日只能吃两顿饭，每顿半碗咸菜汤，一个二两重的高粱米面馍，自来水可以随意喝，也可以早晚做一下操，生活稍微自由了些。白祺华的腿仍然红肿着，没有人给他医治。他只好每天弄点盐水洗一洗，再利用坐着没事的机会用唾沫慢慢抹着伤口来清洗。意想不到的是，他的腿竟慢慢地好了。后来，日本人又用火车把他们运送到塘沽。

5. 塘沽等船

下了火车，日军把白祺华这批战俘押进塘沽战俘营，战俘营北边是京奉铁路，东西南三面是海河水，住的是木板房子，睡的是木板大通铺，一人一条毯子，连铺带盖。由于害怕战俘劳工逃跑，日方管理人员在晚上睡觉时把大家的衣服收走，第二天早晨才还回去。夜里十分寒冷，他们冻得缩成一团，只好依偎在一起，相互以体温取暖。

在塘沽战俘营，仍是一天两顿饭，一顿给半碗谷子汤和一个二两重的玉米面馍。因做饭用的粮食大都是变了质的陈粮，虽然能吃饱，但是吃到肚子里不舒服，以至于很多人吃了后都生病、拉肚子。喝的是海水，又咸又苦，越喝越拉肚子，所以大家也都不敢多喝。日本管理人员还给他们定下了很多严苛的规定，诸如，大白天要他们必须规规矩矩地坐在自己的床位上，不准说话，不准走动，并且要闭上眼。屋里放了一个茅缸，解手时不准出屋门。同时还规定解手要打报告，不获准许就不能动。每个屋子里只有一个茅缸，几十个人解小手尤可，要大便时如何蹲在缸沿上？再加上吃的馍、喝的汤半生不熟，多数人拉起了肚子。又因外出解手不被批准，只好拉在自己的床位上。不几天，屋里到处都是屎尿。守卫的日本兵受不了那股气味，便让人一天撒几次生石灰，以去臭气。尿缸满了要往外抬，因为缸大，通常需要三十余人用竿子往外抬。一次，战俘劳工们一不小心把缸摔破了，为此，抬缸工每人都挨了警察一顿打，还罚跪了一个多小时。因为怕战俘劳工逃跑，每个屋门口都有两个伪警察拿着军棍看守。如果谁睁眼乱看，或交头接耳，或随意走动，立刻就会遭到一顿棍打，不管是脑袋还是身子，打到哪儿算哪儿，打死了就被拉出去扔掉。

在塘沽战俘营，他们赶上了一次暴动逃跑。事先有其他人通知他们，今夜将集体暴动逃跑，得到信号后几个大屋子就统一行动。当晚半夜，别的房间发出信号开始行动，他们房间的战俘劳工闻声爬起来向外冲，有的穿着衣服，有的没穿衣服，有的从门口跑，有的从窗子里跳，牢房里一片混乱。他们房间刚跑出去几个人，就听到敌人的机枪响了，刚出屋的急忙返回屋，没出屋的急忙躺下装睡。

这次暴动逃出去一批人，被打死一批人，被抓回来一些人。当晚，日军和警察到各屋进行清点，抓了一些没能逃走的人，捆绑起来后一阵毒打，又将他们光着身子捆到电网的木桩上冻了一夜。有的战俘被折磨至死，有的奄奄一息。日本又让全营战俘劳工集合训话，当着全营战俘的面，用刺刀挑死了被抓回来的人。看到这情景，不少战俘劳工惊呆了，有的精神受到刺激，好几天吃不下饭。

有一天，战俘劳工被集中在塘沽港口听日本鬼子训话，大意是说：日本国很好，要把他们送到日本去，并分配工作。对于日军的信口雌黄，战俘劳工们根本无人相信。但是他们又能怎样？只能按捺住心中的怒火，无奈地被掳至日本。就在训话期间，有三名战俘劳工以解手为名溜出会场，刚跑过旁边的一个小池塘便被日本鬼子发现，当场打死两人，捉回一人。日本人为了杀一儆百，把捉回的人拉到队前，将其活活打死。

6. 劳工血泪

1944 年底，白祺华这批中国战俘劳工被逼上了去日本的货轮。货轮上装的是从中国掠夺来的煤。他们满含热泪离开了生养自己的祖国，在大海上航行了七天七夜。在船上时，死了几个战俘劳工，日本人就用席子将其尸体裹起来，再绑上一大块煤，扔到了海里。他们在日本大阪登陆，上岸休息了几个小时后，又坐上火车到达日本东京。

1945 年元旦后的第三天，白祺华等几百人被分配到东京东面的枥木县足尾町古河铜矿上做苦力。这个铜矿四面环山，山高沟深，十分阴暗，每日只有中午两个钟头可以见到太阳。从矿上出去的路只有一条，如同一个天然地狱。劳工宿舍是个小院，周围有院墙，门口有四五个警察站岗。强掳到足尾町的劳工有两批，一批是洛阳战役的俘虏，一批是以通共名义抓捕的河北民众。为了迅速接收战俘劳工，古河矿业派的人从塘沽就开始接管。当时，战俘劳工觉得他们还可以，可是一到铜矿他们马上就变了脸。矿业所那个接管人员首先进行了威胁性训话。此人右手握一把东洋刀，左手提着一个砂锅，训了一阵话后，对战俘劳工们讲："你们谁要想跑，就会同这个砂锅一样"，说着举起东洋刀，一刀把砂锅砍个粉碎。

日本矿主把 257 名战俘劳工编为 1 个大队、2 个中队、4 个小队，每个小队住一间小房子，屋内是木板大通铺。他们住的是筒子房，房子四周的墙都是用木板钉成的，房顶铺的是铁皮，每逢下雨的时候，"叮当叮当"的响声不绝于耳；屋子里面的床是一长排的通铺。

不仅住房简陋，伙食更差。因为水土不服，加之饭量给得少，吃了七八天，人们就开始闹病，吃的东西消化不了，吃什么拉什么。住地明明有个病房也不给治疗，将人往病房一抬了事，日本矿主和监工还说："快快地死了吧，死了，灵魂就回中国了。"后来经过交涉，才由米饭改成面食，一顿一个馒头，一天定量一斤，不上班的给一半，每顿给半杯水。没有肉没有油，白水煮萝卜叶或放点盐就着菜。不干活的劳工每天只能吃到两个馍。在矿上的日子里，他们从没见到一滴油，只喝过一次鱼肠子汤，每人一碗。

白祺华他们小队的活是往小火车上装矿石，每天工作8个小时。若加班两个钟头，可增加一个六两重的馍。他们这些人都是被当作奴隶使用的，一没人身自由，二没干活工钱，三则生死完全由日本人决定。战俘劳工一年到头没有节假日，没有文体活动，也不许上山转一转，更没有亲友的来信，对外界情况一无所知。生活在这样一个与世隔绝的社会里，是鸟也会急死的，更何况他们是人哪!

足尾铜矿有两个矿坑，一个叫小泷坑，一个叫本沙坑。两个矿坑，分配一个中队两个小队。从住处到矿井有两三千米，上班要走二三十分钟，井口从山坡上打进去，上工到作业面要走进去，出来时有电车可以搭乘。在井下干活用瓦斯灯，每人发一个木牌用以记录工作量。开始说每天干8个小时，但晚上常常加班，后来变成了一天干12个小时。

在井下打眼放炮的都是日本人和朝鲜人。中国战俘劳工主要是推轱辘马运矿石，两个人或三个人推一辆车。因为吃不饱，时常饿得走不动。日本矿主有粮食却不给战俘劳工吃，还不许劳工们说吃不饱。日本监工不顾战俘劳工的死活，每天炸下的矿石都要求运完，运不完不让收工。战俘劳工每天天不亮就得进洞挖矿，半夜才能出洞，终日不见太阳，不少人急得发了疯。

还有不少人由于受不了这种虐待，有的上了吊，有的跳了崖，有的绝了食。有个叫韩应山的安徽人，由于思念年迈的老母和娇妻幼子，选择了上吊，被难友们发现救下后，又急得哭瞎了眼。两个豫西的难友，半夜里下班洗完澡后趁机逃跑了。因为出矿的唯一道口被日本人严密把守着，所以天一亮他们就被抓了回来。那天正下着小雪，日本监工让他们赤脚光身仅穿裤头站在雪地里受罚，一直冻到吃过早饭才被押上装矿石的小火车，此后，他俩便一直没有下落。矿井里安全条件极差，矿洞里的水经常有 30 多厘米深，里面一无通风设备，二无照明装置，战俘劳工有被放炮炸死的，有被塌方压死的，还有因缺氧闷死的，安全事故时有发生。人死后被抬出去，往深山沟里一扔了事。

7. 死里逃生

白祺华到矿上那年，刚刚 16 岁。由于水土不服，不到半月就跟大多数人一样开始拉肚子。但是在矿上，即使生了病也不准休息，还得坚持干活，他的裤子拉得经常都是湿乎乎的。由于泻肚，活儿又重，再加上发高烧，什么也不想吃，想吐又吐不出来，没几天就瘦得不像人样了。腰也直不起来，腿颤得路也走不了。由于日方不准劳工休息，早上五点钟白祺华就跟着大伙儿去上班，由于实在走不动，他只好爬着去。从进洞开始，下了 100 多级的台阶才到工地，直到十二点他才艰难地挪到了工地。监工一见他这么晚才到，过来就给了他几个耳光。他瘦弱的身体哪里还经得住毒打，当时就被打得倒在地上，坐着又哭又骂，正当监工要抬腿踢他时，难友们走上来拦住了。大伙护住白祺华，责问日本监工说：“你还是人不是，他小小年纪都病成这样啦，你还要打他!”就在这时，矿务区长过来了，他问白祺华：“小孩，是谁打你了?”白祺华指着监工说：“是他。”接着，矿务区长就教训了那个监工一顿，然后批准让白祺华去休息，第二天不用来上班了。白祺华被工友们送回住地，只在宿舍休息了一天，第三天又被逼着上了工。

常言说，福无双至，祸不单行。没过多久，他正在搬矿石装车，洞上边突然掉下一块石头，把他的头砸了个窟窿，他当即昏了过去。醒来后才知道难友送他去诊所进行了治疗，日本大夫只给抹了点红汞。不几天，他的头就肿得像小水桶似的，饭也吃不下了。他实在是干不动了，既然爬不到工地了，就只能被送进病号房。

病号房里横七竖八地躺满了人，又脏又乱，臭气熏天，呻吟声不绝于耳，这些人多是工伤感染和拉肚子不止而住进来的。他无处可住，就抱住被子蹲在里边的一个墙角里。说是病号房，可并无值勤大夫。谁受不住了，就自己去找大夫，是拉肚子的就发给一包叫“硫苦”（注：硫酸镁）的药，这药根本不治病，越吃病越重；是工伤感染的，就发给几根叫“黄捻子”的中草药，让人自己去治疗，至多再给点面药让病人去上。对于感染导致的腥臭的疮面，大夫看都不看一眼。在这种情况下，进了病号房后能出去的很少，每周都有几个人死去。

白祺华是既有肚子疼，又有头部感染的双重病号。由于得不到治疗，加上屋内各种细菌的感染，他的伤痛和病情日益加剧，高烧不止，昏昏迷迷，半生半死地在病号房里度过了一段漫长日子。在这段时间里，白祺华的头发全部脱落了，脸部肿得连眼睛都合成了一条缝；肚子胀得鼓鼓的，肚皮如黄表纸一样薄而黄，身子仅能动弹而已。

一天，白祺华从昏迷中醒来，头好像是有人用小刀剜着一样，实在忍受不了。他心想："早晚是一死，不如早死早转生"，于是摸下墙上的一个大洋钉，一狠心，猛地朝头顶疮面上扎了进去，手一挥又扎了一下。随着一股钻心的疼痛，连血带脓流了一滩，足有大半碗。血脓流出后，头却不胀疼了，心里也好像舒服了很多。过了一个多月，他的头部奇迹般地慢慢好了。

他的头部好了，但其他伤病并未好，已发展到全身浮肿的地步，肚子疼得厉害，每隔 20 分钟就要解一次手，但也只能解出几滴。身体动不了，解手只能解在自己的铺上。饭不能吃，却总是想吐，吐又吐不出什么东西。多亏了战友张永顺的照顾，他才从死亡线上煎熬着挣扎过来。

张永顺是河南许昌榆林乡人，原在国民党第十四军九十四师当兵。1944 年春，其部队在黄河北岸同日军作战时失利，撤回南岸，后又参加了洛阳保卫战。他们师一直坚守了 21 天，直到 4 月 26 日洛阳失守。张永顺的耳朵、胳膊多处负伤，被战友背着突围，藏进麦田被俘，后被送到西工战俘营。后来，他同白祺华等难友一起从洛阳到石家庄，又一同从塘沽被送到日本枥木。他同白祺华虽然不在一个军，但都是许昌的老乡，因而被俘以后一直相互关心，相互帮助。在白祺华病危之时，他只要有空，就会跑到白祺华的床前送饭端水，为他寻医找药吃。白祺华发的馍吃不下去时，也总是送给张永顺。

图8　战俘劳工幸存者张永顺（何天义研究室征集图片）

1945 年 2 月的一天，张永顺上夜班前冒着小雪来看白祺华，见他身体肿得肉皮都发黄，且薄得透亮，可怜得直流泪。白祺华看张永顺悲伤的样子，反而少气无力地安慰他说："不要难过，我是不行了，你要好好保重，争取活下来，回家给我母亲带个信儿。"

张永顺执意要背白祺华再去诊所看一看。见了大夫，仍是只给了一包硫苦。在回来的路上，他们看见病房旁的山坡上有几株小柳树已吐出了嫩黄的小芽，在白皑皑的雪地上分外鲜艳。白祺华就请求张永顺给他折一枝柳条来。张永顺把白祺华放在雪地里的一块石头上，过去折了一枝柳枝给他。也许是长时间没出过屋子的缘故，白祺华感到空气格外新鲜，就让张永顺扶着自己迎着风雪在雪地里坐了一会儿。白祺华在无意中抠了一个柳芽放在嘴里咂巴，感觉味道很新鲜，于是就把柳枝带回病房，没事就慢慢抠吃柳芽，不知怎的，竟不怎么吐了。

第二天张永顺又赶来看他，白祺华把这事告诉了张永顺，张永顺又给他折了三枝柳枝。三枝吃过，奇迹出现了，白祺华竟不吐了。张永顺很高兴，又抽空赶紧给白祺华捋了两小袋柳芽。白祺华吃后一个钟头，感觉肚子有点疼，张永顺就扶着他去解手，结果解下三个算盘子大小的黑东西，用石头砸都砸不开。回来之后，白祺华想吃东西了，每顿饭能喝上几口汤，一周过后，慢慢地能吃饭了。

因为这次生病，白祺华被折磨得骨瘦如柴。从病重到有所转机，没有一个日本人来看过他。然而病情尚未痊愈，元气还没有恢复，日本监工就逼着他上工。

8. 归国返乡

1945 年 8 月的一天下午，日本鬼子突然把战俘劳工们从工地上叫了出来，说是不让他们干活了，但不说原因。第二天，战俘劳工有的到山上转，有的在屋里睡觉，有的到诊所看病。到诊所看病的人，发现日本大夫们个个皱着眉显出一副难受的样子，就问日本大夫发生了什么。日本大夫说："你们中国胜利了，我们日本亡国了。"这一喜讯在战俘劳工中迅速传开，一个河南籍的战俘高兴地说："小鬼子投降了，小鳖孙不逞能了！"白祺华、张永顺等人高兴得像小孩似的，蹦啊，跳啊，哭啊，笑啊，欢呼雀跃。当晚，同胞们聚集起来，召开了一次会议，决定行动起来，要求回国。一个洛阳战俘挥动着拳头："明天咱们去找那个日本带工的，打死那个八格牙鲁。”

他们却打不到那个“八格牙鲁”了。自知有罪的日本带工、监工害怕劳工报复，早就躲了起来。第二天，他们来到矿上的警察事务所，表达了回国的强烈愿望。一个警官模样的人解释说：“现在还没安排好，将来一定让你们回去。”战俘劳工们哪里愿意再听这些胡言乱语，他们一拥而上，把警察事务所砸了个稀巴烂，并警告说：“如果明天不派车送，我们还要来算账。”警察没办法，第二天就将他们用火车送往东京。在东京车站，他们还没下车，有一个美国官员就走了上来，用汉语说道：“听说你们在矿上闹着要回国，这是正当的。但是，你们国内起战争了，国共打起来了。过一段时间，一定送你们回国。”

接着，他指挥着手下往车上搬了些饼干、罐头，让战俘劳工食用，并劝说道：“先回去吧，要守秩序。我们是同盟军，有事我给你们解决。”这样，车又开回到矿上。

第二天天一亮，那位美国人就到了矿上。他首先看了看中国战俘劳工的生活条件，大家把每日分配的馍馍拿出来，他一看有些馊味就扔了，并说道：“以后每人每天发给两斤大米。”又问吃的什么菜，战俘劳工把带叶子的咸辣椒拿给他看，他火了，说道：“今后每人一天一盒罐头。”然后又指示日本警察一周给他们安排一次电影，一月给理一次发。

接着，战俘劳工向他申诉着：“我们住的是深山陡涧，一日只能见到两个钟头的太阳。大家的身体都受不了了。”他马上答应说：“你们先住着，过几天就给你们安排好的地方。”过了几天，这个美国军官果然又来了，他把中国的战俘劳工安排到了一个休养所似的地方，另派去了一个排的兵力保护着大家。

由于战俘劳工的生活条件极端恶劣，死亡人数较多，全大队 257 人就死了 109 人，而剩下 140 多人多数都带病负伤。为了怀念死去的战友，庆祝抗战胜利，他们在“双十”节开了一次大会，在足尾町举行了一次游行。

图 9　枥木县足尾中国劳工合影（何天义研究室征集图片）

1945 年 12 月底，白祺华和战友带着难友骨灰，在美国军舰的护送下回到了青岛，重新投入祖国的怀抱。他们感到天是新的，地也是新的，人格外地亲切，景物也格外地顺眼，心里的畅快无法名状。

图 10　白祺华（中）同宇都宫市日中友好协会负责人倭文唯三郎（右）、金田正代（左）座谈合影（何天义研究室征集图片）

五、从洛阳到秋田

1. 重伤被俘的耿连长

在洛阳战役前后，日军在河南境内俘虏了数万名国民党军官兵，有上万人被强掳到日本充作劳工，其中强掳到日本秋田县的战俘劳工不甘心日本的奴役，曾在秋田县举行了“花冈暴动”，而组织这次暴动的领导人，就是国民党军第十五军六十四师一九一团二营五连连长耿谆。

耿谆是河南襄城人，生于第一次世界大战爆发的1914年。1932年，以卖书为生的18岁的耿谆投笔从戎，加入国民党军，因其识文断字，当兵不久就当上了连部文书，后来逐步成为排长、营部副官、团部军械官、上尉连长。抗战爆发后，他随十五军参加了忻口战役、中条山战役。日军发动“一号作战”后，他又带领所在的连队参加了洛阳保卫战。

5月8日，洛阳战役拉开序幕。5月12日，日军以1万余人的兵力集中进攻六十四师一九一团防守的西工区。五连负责布防西工区西边的西下池，是全团的前哨连，也是战斗的最前沿。接受任务后，连长耿谆首先查看了地形。

西下池在洛河边，相对于洛河，这个土岗如一座山堡，是个设防的好地方。为了打好这场阻击战，进入阵地后，他命令全连以排为单位，官兵一起挖三角壕沟。不到一天，全连就挖了 21 道三角大壕沟。

第二天，战斗一开始，日军就用 5 辆坦克开道，向五连阵地发起了进攻。坦克在前，步兵在后，进展非常迅速。但一到五连的壕沟边，坦克就一辆一辆地掉了进去，国民党军官兵见状，非常高兴。可时过不久，掉进壕沟的坦克又一辆一辆地从沟里爬了出来。

耿谆意识到，壕沟只能一时拦截坦克，但不能阻挡坦克。要挡住敌人，必须炸掉坦克。于是他立即下令，以火力掩护工兵炸掉坦克。

一声令下，五连的机枪手一齐向日军开火，几个工兵抡起整捆的手榴弹冲出了阵地，在火力的掩护下，逼近敌人的坦克，但还没走到坦克跟前，两名工兵就中弹倒下。

耿谆见状，架起一挺备用的机枪，亲自掩护剩下的两名工兵。他们冒着弹雨终于接近了敌人的坦克，拉响了手榴弹，两辆坦克被炸毁了。唯恐工兵有闪失，耿谆命令机枪手加大火力，但工兵还是被敌人击中倒下，眼看坦克就要向他们身上轧过去，却听到轰隆两声巨响，原来受伤的工兵与坦克同归于尽了。

中午时分，日军对西下池进行了长达 20 分钟的炮击，使阵地变成了火海。炮击之后，日军发起冲锋，五连官兵凭借有利地形将日军一次一次打退，自己也伤亡了 70 多人。

下午两点，一架日机从西下池飞过，投下几颗炸弹，其中一颗落在五连的阵地上，一声巨响后，耿谆的左脚、后背、尻骨、耳朵多处被炸伤，满脸是血，疼得差点昏过去。见耿谆受伤，战友劝他撤出阵地，他坚定地说："眼看就要白刃战了，我怎么能下火线。"他一直咬牙坚守在阵地上，战士们先后为他包扎了多次，换了三条裤子，还是血流不止。鲜血洇出绷带，洇湿了军衣。他和战士们一直坚持到下午 6 点，才奉命撤出阵地。因流血过多，耿谆在撤退途中再次晕倒，后被送入战地医疗站进行抢救，才从昏迷中醒来。

这时，洛阳战役的中日双方进入胶着状态，开始了一段拉锯战。十多天后，耿谆的伤势稍有好转，就要求回到部队。这时，日军的援军也抵达了洛阳。5 月 24 日，日军向洛阳发起总攻。耿谆率领由一个营缩编的连队防守洛阳东关铁路小桥，他们的阵地遭到日军的猛烈攻击，阵地被日军炮火摧毁。部队被打散，大部分被俘。耿谆再次负伤，子弹从他腹部右侧钻进去，又从腹部左侧钻出来，他的腰部像被棍子击了一下，立刻躺在地上不能动了。日军攻入他们的阵地，耿谆在昏迷中被俘虏。当他清醒后，看到连部司号员王占祥、司务长李开金、炊事班长等人围在他的身边。他就催促大家赶快逃离，不要管他。可战士们根本不听。有的说："连长，要活一起活，要死咱们死在一块儿。"耿谆被战士们架着簇拥着一起被押往西工俘虏营。许多身受重伤不能行走的国民党士兵，大都被打扫战场的日本兵补一枪或补一刀，结果了性命。耿谆之所以能够存活，多亏他连队的士兵。由于他平时爱兵如子弟，与士兵建立了深厚的友谊，所以在他身负重伤时，士兵们不忍心将他弃之沙场，宁肯一块儿被俘，也不肯自己突围逃命。

2. 从洛阳到郑州

图11 战俘劳工幸存者耿谆（何天义研究室征集图片）

在洛阳战俘营中，开始几天，日军不给饭吃，不给水喝，负伤患病的战俘也不给药物治疗。好在战俘中有一些国民党军队的医生护士，他们在战俘营承担了难友的治疗与护理工作，换药、包扎伤口处理得都比较及时。耿谆第二次负伤在腹部，清理脓血、更换药条时由于没有麻药，医生都是直接用药条从腹部这边的伤口穿到腹部那边的伤口。先是用布条把伤口的脓血腐肉拉出来，清理干净，然后再放入药物浸泡过的布条，以起到消除炎症、化腐生肌的作用。穿药条时痛得钻心，但耿谆却咬牙忍住，心想着：死又当如何，我岂能在日本人面前叫痛！药条穿完时，耿谆疼得满头大汗，几乎昏了过去，但硬是没有叫一声，在场的人无不惊叹敬佩，连看押俘虏的日本兵也直点头。

战俘已被关进去三天了，但日本管理人员还不给战俘提供吃喝。为此，战俘们不住地谩骂喊叫，抗议日军虐待中国战俘。日本兵想镇压、阻止，但战俘的喊声越来越高。终于有人将战俘吵闹的事情汇报给上级，日军才给了一点原粮，如豆子、谷子、玉米粒等，后来又临时筹建了一个战俘食堂。

洛阳战役后，日军继续在豫西豫南作战，中国战俘一批批地被押进洛阳西工战俘营，几万名战俘一下涌入，食品饮水药品都非常困难。参加郑州、洛阳战役的是原驻济南的第十二军和驻石家庄的一一〇师团，当其他战俘营人满为患时，日军便将战俘向石家庄战俘营和济南战俘营转移。

洛阳战役结束后第五天，日军就开始了战俘的转移工作，首先用汽车把洛阳的战俘运到郑州战俘营，然后再用火车把战俘转送至石家庄、济南或者北平、塘沽。

郑州战俘营设在原郑州第二监狱，位置在今郑州市管城回族区法院西街，建于 20 世纪 30 年代。该监狱坐北朝南，院子南北长，东西短，冲着大门有并列的两排房子，每排房子 5 栋，共 10 栋平房，可关押囚犯千余人。监狱的每间小屋子跟狗窝差不多大，战俘在里面站不直身子。河南战役打响后，这里就被日军占领，开始时用来关押各地的俘虏，后来成了河南战俘的转运战。据战俘们回忆，郑州战俘营里还有一个地牢，里面没有一丝光线，地上没有一点铺盖，每天发的馍馍没有小孩子巴掌大，霉味又浓又重，也不给水喝。地牢里的人很多，进出大小便不是踩着人，就是被绊倒。洞里臭味难闻，阴森可怕。战俘在这里关押的时间不长，有的一两天，有的三四天，有火车时就被运走，没有车就等着。等车时，日军还会给战俘们安排一些劳动，有的被押到火车站装卸货物，一些老年战俘还被拨给城市卫生队，在市区街道打扫马路。

图12 战俘劳工幸存者张肇国（何天义研究室征集图片）

战俘在郑州停留期间，曾秘密组织过越狱，因被日军提前发现，越狱没有成功，一部分人当场被打死，一部分人被抓了回来。后来日军查出了两名组织者，便把全体战俘集中起来开会，将这两名战俘押在队前，脱去上衣，先是一阵猛烈的皮鞭抽打，然后再推到事前挖好的两米深坑里，当众活埋。日军只将土填到两人的颈部，让他们痛苦地慢慢死去。

经过一天的颠簸，耿谆和他的战友被送到郑州战俘营。他和难友们也曾有过途中逃跑计划，但在郑州只住了一宿就被押上北去的火车。和他一起被押上火车的大都是洛阳作战时被俘的官兵，他们是国民党上尉军需刘虞卿、少尉司务长李克金、六十五师工兵连少尉张肇国、情报官少尉张金亭、军械官刘玉林，还有赵书森、张文华、王战祥等一批士兵。正是这些人在后来的岁月里，跟随耿谆从一个战俘营转到另一个战俘营，最后被强掳到日本秋田县，率领战俘进行了举世闻名的“花冈暴动”。

3. 从石家庄到北平

石家庄战俘营是日军在华北管理较为严密的战俘营。河南战役中，被日军俘虏的国民党军第十四军、第十五军、第十六军、第三十八军的1.3万人被较为密集地送到石家庄战俘营。由于人满为患，后到的洛阳战俘没有地方住，只好住在竹竿和苇席搭成的大席棚里，睡在铺有烂草的土地上，像牛马棚圈一样。日军怕战俘逃跑，夜间睡觉都要脱掉裤子集中保管，小便在席棚一角大缸里，大便需要在报告后方可穿公用裤子到厕所。战俘从被俘到洛阳战俘营，再从郑州战俘营到石家庄战俘营，有时徒步行军，有时坐汽车，有时坐火车，连日来吃不上饭喝不上水，特别是一些重伤员，几经折腾，没等到达石家庄就死在火车上。不少战俘下车后没进战俘营，就被汽车拉到掩埋战俘尸体的万人坑。

比起洛阳西工的战俘营，石家庄战俘营设施、管理得比较规范，医疗条件比洛阳也要好点，还有个简陋的医疗所。耿谆也就是在石家庄的一个多月里，把腹部枪伤治疗痊愈的。

被送到石家庄的国民党战俘，有些是成一定规模编制的连排班。他们到达石家庄后听说自己要被送到日本充作劳工，不仅回家没希望，还有可能丧命，于是便暗中密谋，希望能够进行暴动，伺机逃跑，但只有少数人逃跑出去，多数人仍被捉回。为了镇压暴动，日军还数次把策划组织逃跑的和逃跑追回的战俘砍下脑袋，挂在门口，“以儆效尤”，但一些战俘仍然在寻找着机会逃跑。

一天放风时，耿谆碰到六十五师的副营长楚子玉，他俩当年同时被提升为司务长，又一块在军部训练过，共同的命运使他们有着共同的语言。他们从眼下谈到未来，很快就说到要被送去日本充作劳工的事，楚子玉正直豪爽地一吐为快："当他娘的鸟劳工，我不去，受那个洋罪，咱们得想法逃出去才是。"

耿谆冷静地说："老楚啊，我劝你还是忍耐一下。硬闯不中，逃也得找准时机，你看鬼子戒备森严，怕是无法逃脱。"

楚子玉坚定地说："我不怕，反正逃也是死，不逃也是死，还不如逃。说不定能逃出去，拣一条命。总比在这里坐以待毙，让人用刀子割肉强。若真逃不出去，我这一百多斤也就豁上了。多少人都死在战场上了，我们还有什么好顾虑的，哪里黄土不埋人！"楚子玉是这么说的，也是这么做的，他没找到敢于一块儿逃跑的人，就想自己一个人闯一下。

一天凌晨，楚子玉借口解大便，穿上那条公用裤子，趁站岗的日本兵不注意，没命地往大门跑去。但他很快就被日本兵发现并举枪射击，楚子玉的腿部中弹，一个踉跄跌倒在地。日本兵把楚子玉拉回院里，趁上早操的机会把全部战俘集中在大操场上，把他拉到队前。日本队长通过翻译介绍了楚子玉逃跑的事，并对战俘们说："谁要想逃跑，就和他一样，死啦死啦的。"

说完当众向楚子玉开了一枪，楚子玉哼了几声，身体抽搐了几下便慢慢死去。

接着，日本兵又弄来一只野狗，并对战俘说："谁要想跳电网逃走，就会和这条狗一样。"说完，两个日本兵把狗抬起来掷向电网。只见电网闪烁着一些火花，那狗惨叫一声，跌地死掉了。目睹此景，战俘劳工们有的恐惧，有的愤怒，说不清都是什么心情。耿谆闭上眼睛，为楚子玉的冤魂默默祈祷了一阵。

随着时间的流逝，石家庄战俘营也人满为患，日军又开始把战俘向北平战俘营转送。6 月初的一天，日军从战俘营挑选了1 000多名战俘重新编队送到火车站。河南战役之前，石家庄战俘营关押的战俘多为共产党八路军战俘和从河北占领区抓捕的抗日民众。河南战役后，大批国民党战俘被押来，占战俘营关押战俘总人数的 2/3。日军为了利用共产党与国民党、八路军与中央军之间的矛盾，对战俘进行监督管理，将国民党中央军与共产党八路军混合编队。

从石家庄到北平，战俘们坐的是运送货物和牲畜的闷罐车，车厢内没有座位，没有车窗，100 人塞进一个车厢内，如同沙丁鱼罐头。火车走走停停，一天一夜过去了，也没给一粒米吃，没给一口水喝，两个身体虚弱的战友窒息而死，耿谆和难友们都非常难过。。

此时正值夏天，车厢外烈日如火，车厢内如蒸笼一般，人在其中，汗流不止，闷热难熬，如在地狱。耿谆感到喉头发热，像火烤一样，他用舌头在嘴中舔吸，想吸些唾液润润喉咙，但嘴唇却干得出血。有的人昏了过去，有的人喝自己的尿。看着这些苦难的难友，耿谆无可奈何，心如刀割。

不知过了多少时日，火车到了北平清华园车站，车门打开后，战俘们争相跳出蒸笼般的车厢，张开嘴猛吸车外清凉的空气。为防止战俘逃跑，日军把战俘每十个人捆绑成一串列队前行，两边是执枪的日本兵，后面跟着一辆架着机枪的卡车。

北平战俘营在京城的西苑，原是清朝御林军的兵营。每个营园都有十余栋两层的楼房。战俘住得虽然拥挤，但比石家庄战俘营的席棚强多了。吃饭仍是一天两顿，只是高粱米饭换成了玉米粥。院子内还有一条水沟，沟中有从山上流下来的清泉水，俘虏只要走出房子就可以喝到泉水。但是，俘虏们在这里受的殴打，以及战俘的死亡率，与石家庄战俘营没有区别。北平战俘营设有一个隔离室，患病的伤员都被送到这里，但大多数都是有去无回。

战俘劳工死了后，被装进一个抽屉式的大棺材里。棺材很大，一次能装十来个尸体，一旦装满，日本兵就招呼十几个青壮年战俘把棺材抬到外边树林的万人坑里，将棺材底部的活动底板一抽，尸体便跌落坑中，然后随意撒上一层土，就算了事。

有一次，几个青年人抬着棺材埋完尸体向回走时企图逃跑，日本兵立即开枪打死了两个，打伤一个。而后，日本兵命令没有受伤的战俘用棺材将受伤的人抬回战俘营。为了杀一儆百，第二天日本兵把所有战俘赶到营中的空地上。空地上搭着一个台子，有半人高，日军强迫三个埋尸者跪在台子上，将逃跑被打伤者剥光了衣服，赤身裸体地绑在高台上的旗杆上。先由日本队长进行训话，说出这个战俘逃跑的“过错”，然后对这个战俘进行“正法”。

被绑在旗杆上的青年战俘，神情木呆，因毒打拷问，身上伤痕累累，中弹的腿上流淌着鲜血，脚下的土台被鲜血浸染了一片。一小队日本兵列队走到旗杆下，面向这个战俘站成一排。随着军官一声令下，从队列里走出两个日本兵持枪立正，然后，随着口令端起枪，大吼一声，向被缚在旗杆上的青年战俘胸膛进行突刺。青年战俘一声惨叫，面孔扭曲，脑袋随即垂在胸前。日本士兵又“呀”的一声叫喊，同时双手一抖，拔出刺刀，鲜血溅了杀人者一身。随着口令，这两个士兵走回队列，同时从队列里又走出两个士兵，重复前者的动作，进行活靶刺杀。此时，被缚的青年战俘已无力叫喊。日本兵再次拔出刺刀时，青年战俘即将干涸的血液无力地沿着皮肤流淌，身躯只是震颤了一下。直到这小队日本兵每人进行了一次活靶刺杀训练，这个青年战俘再没有动弹一下。他早已气绝身亡。战俘们看不下去，不少人低下了头。为虎作伥的金翻译抓着一根铁鞭，在战俘面前来回踱步，时不时地喊道：“还有想逃的人吗?”借以恐吓广大战俘。

这场景惨不忍睹，许多战俘闭上双眼，不忍看自己的同胞被惨杀。小号兵王占祥站在耿谆身边，禁不住哭出来。耿谆用手擦去小号兵脸上的泪，小声说道：“别哭，有一天咱们会报仇的。”

耿谆清醒地意识到，敌我双方力量悬殊，在眼下这种情景，只要有人振臂一呼，大家就会奋不顾身地扑向敌人，后果却不堪设想，为了战友的生命能够保存下来，他放弃了在北平战俘营举行暴动的打算。

1944 年 7 月下旬的一天上午，日本管理人员来到战俘住地，挨着房间点名，点出了 300 人，其中除了耿谆等国民党军战俘外，还有一批在河北捕俘的共产党八路军和抗日民众。日本军官训话以后，给他们换发衣服。每人一身浅绿色的单军衣，两条裹腿带，一条粗线毯和一条薄棉被。

人员核实后，日本兵让他们列队走到清华园火车站。上了火车后，日本兵却不告诉他们要到哪里去。但这次坐的是客车，不是闷罐车，每节车厢里都站着几名持枪的日本兵。火车驶出车站不久，就有一名战俘纵身从车窗跳了下去，日本兵发现后立即对其开枪射击，不知道他最后是死是活。

等火车停下时，他们才知道到了山东青岛。这批 300 人的劳工队，即将被送到日本充当劳工。

4．送往日本秋田的途中

1944 年 7 月 28 日，耿谆这批战俘劳工在青岛码头被押上了日本的“信侬丸”号货船。人们迈着沉重的脚步，一步三回头，登上了甲板。一声汽笛长鸣，轮船起动了。人们意识到自己就要被送到异国他乡，个个心如刀绞，悲痛欲绝。不知是谁先突然下了跪，接着“扑通”“扑通”，200 多人都不约而同地面向祖国磕起了头，热泪遮住了他们的视线，撕心裂肺的哭喊声、愤怒的责骂声和海涛的怒吼声交织在一起，演出了一幕生离死别的悲剧。但有一个人没跪，他就是五连长耿谆，自从被俘之后，他就抱定了必死的决心，但也没有放弃生还的期望。

图 13　中国劳工被运送到日本乘坐的“信俠丸”号货轮（何天义研究室征集图片）

又一声汽笛长鸣，轮船驶离了码头，向大海深处驶去。突然，一个战俘从甲板上纵身跳入波涛滚滚的大海，日本兵立即朝海里放枪，枪声在海浪声里显得十分微弱，“啪”的一声没有打中。“信俠丸”在海里追逐着这个战俘劳工，他被打捞了上来。日本人对其拳打脚踢，那个跳海人一声不吭。战俘劳工们围上来，对日本兵怒目而视。也许是怕引起战俘哗变，日本兵放过了这个战俘劳工。他叫刘锡财，曾在青岛码头当过工人，是一个高大魁梧、桀骜不驯的山东大汉。为防止再度有人跳海，日本人立即将甲板上的战俘劳工赶入船舱。

轮船行了一夜，已经驶入公海，跳海逃跑的可能性已经没有了，日本人才允许战俘到甲板上走动。开饭的时间到了，但没有一个人想吃。两天后，人们才陆续开始吃饭，但由于没人管理，秩序很乱，岁数大的和岁数小的人挤不到跟前，吃不到饭，还常把饭撒了一地，于是日本人就命令耿谆等国民党连、排的军官出来管理。耿谆等人也觉得这样做对同胞有好处，于是就站出来接受了日本人的命令。经过协商，日本领队指定耿谆为战俘大队长，罗士英为副大队长。耿谆在这批战俘中官职最高，因平时小号兵王占祥、司务长李志金都喊他耿连长，大家知道他是连长，而平时他对战友们说话很体贴、很有感情，所以他被任命为大队长后大家都非常拥护。

为了管好这支劳工队，耿谆把全队战俘集合到甲板上，将所有人员分为 9 个小队，每小队 33 人，并指定上尉军需刘虞卿、少尉张肇国、军械官刘玉林等分别为小队长。接着，他对战俘们在船上吃饭睡觉等问题进行了具体安排。船在航行中，战俘们以小队为单位轮换着去做饭。蒸玉米面窝窝头时，由于用的是蒸汽锅、方笼屉，因船体在波浪中左右颠簸晃动很大，蒸饭的笼屉必须由两个人用力扶住把。做饭非常艰难，而饭好后，由于没有碗筷，他们只能用手捧着吃。

战俘们吃饭睡觉等日常秩序逐渐好转，但大家的心情一直处于阴霾中。不少人躺在舱底的矿石上愁眉不展，还时不时地垂首饮泣。耿谆心想，既然自己当了大队长，就有责任把大家带好，争取有朝一日把苦难的同胞带回祖国。他对身边的骨干和难友们小声说道："弟兄们，大家不要难过了。我们已经被日本人抓来，哭死也没用。命运已经把我们连在一起，今后我们就是同生死共患难的弟兄。大家要互相帮助，坚强地活下去。我们的父母妻小、兄弟姐妹还在家等着我们，我们一定要保重身体，一定要活下去，只要我们不死，我们就会有重返祖国，重逢家人的一天……"

大队长的这番知心话，使不少战俘慢慢想开了，战友之间也逐渐消去了隔膜。

日本人为保护船体和船上满载的货物，用大帆布蒙住了整个船体，船舱内闷热难当，令人窒息，许多人开始呕吐、晕船。日本人每天只供应极少量的水，连起码的生存需要都不能满足，大家一个个干渴得舌头肿胀，喉咙冒火，嘴唇流血，比挨饿的滋味还难忍受。矿石上躺着从河北抓来的父子二人——父亲赵有义和儿子赵满山。十五六岁的赵满山不住地喊着："水……水……"由于口渴，战俘们都呼唤着要喝水，耿谆便去找日本管理人员索要水喝，日本人却指指大海，比了个喝水的姿势。气愤的耿谆狠狠地骂了一句，转身回到舱中，只能同大家商议弄水的办法。

正在这时，小八路孟连棋兴冲冲地端着一罐头盒水，跑进船舱，走到耿谆面前："大队长，这水能喝，快给大家喝吧。"耿谆把水送到赵有义面前，赵有义扶起儿子赵满山："你少喝两口，解解渴，别喝完了，剩下的给大叔大哥们喝。"

这点水就算给赵满山全喝下去也不够，但他只喝了两小口，便推开水盒躺下了。耿谆见状，说道：“满山，让你喝，再喝点。”赵满山摇摇头躺下了，并用手指着周围的难友，意思是让大家喝剩下的水。

赵有义将水递给耿谆，耿谆接过水对大家说：“连棋弄来了水，大家每人喝一小口。”说完将水递给身边的王占祥。

王占祥推辞道：“连长，你是大队长，你先喝。”大家也都跟着说：“你先喝，你不喝，我们都不喝。”

耿谆知道，患难战友的生命已经连在一起，这口水他不喝，大家都不会喝，于是含着泪说：“弟兄们，我喝，我喝。”说着轻轻地抿了一点水，尔后命令道：“占祥，你第二个喝。”大家才开始一个换一个地喝水。

有了能喝的水，大家都兴奋起来，纷纷围到孟连棋跟前，问他从哪儿弄来的水。当听他说是从船舱上边供机器用水的水管接头漏水处接到水时，大家便争着用盛水的器具来接水。有了这点救命水，大家感到有了新的希望。

河北正定的张五十生病晕倒了，耿谆用打手势的方法，向日本领队说了要求管理方想办法对其进行治疗。日本人下舱后，命人把张五十拉到甲板上，随即在张五十身上绑了两块铁矿石，然后叫两个日本兵抬起来“咕咚”一声，便将其投入波涛滚滚的大海。

大家惊呆了，不知谁喊了一句：“他还活着哪！”日本人却站在甲板上，望着沉入海水里的张五十哈哈大笑，然后指着甲板的战俘劳工说道：“你们的，还有谁的死了死了的。”

此后，日本人发现有病重的就往大海里扔，像张五十那样被投入大海的还有河北的战俘劳工齐亮和孙维亮。

这些禽兽就是如此凶残。

1944 年 8 月 5 日，这支劳工队在海上经过 7 个昼夜的煎熬，抵达了日本的下关。轮船在海上抛锚，日本人用小船把战俘劳工从大船上分批送上岸。

战俘劳工从中国上船时是 300 人，这时剩下了 296 人。下船时又有两名战俘劳工晕倒了，耿谆让会说几句日语的刘智渠向日本人要了一点药，又接了一杯水，让病人喝了药。但仍然有一人病逝，日本押送人员要把遗体就地处理，在耿谆和难友们的坚持下，才允许随队带走。于是难友们用编织袋包裹了这具遗体，抬着他上车下车，一直带到了花冈町。

上岸后，日本人把全体战俘劳工带到“防疫站”进行了洗澡消毒，然后再押上火车。1944 年 8 月 8 日，他们被押送到日本的秋田县花冈町，在走过一段泥泞的道路后，来到花冈町中山寮，开始了在日本的劳役生活。

六、屈辱的劳工生活

1. 初进中山寮

花冈町中山寮位于一个山坡上，是日本鹿岛株式会社（当时称鹿岛组，即当今的鹿岛建设公司）花冈事务所住地。中山寮由两大部分组成，东半部是个长方形的空地，中间竖有一根旗杆，旗杆顶部挂着日本的太阳旗，整天在山风中呼啦啦地飘；西半部建有两大排木板房。东边的一排归日本“辅导员”住，剩余的分别是厨房、饭堂和仓库。另一排分给战俘劳工住。在两排房远处有所小房子，后来改为战俘劳工的病号房和骨灰堂。

当中国的战俘劳工在空地上排队站好后，从东边那排房中走出七八个高低胖瘦不一的日本人。他们一个个身穿草绿色的衣服，头剃得净光，抬得老高，眼瞪得很大，脸上的表情冷若冰霜，第一次见面就给中国的战俘劳工留下了恶劣的印象。其中一个 40 多岁的人，胸前布条上写有“伊势智德”，首先通过翻译向中国战俘劳工进行训话。他说：“中山寮的寮长是河野正敏，因为兼任鹿岛组花冈出张所的所长，事情很多忙不过来，这里的一切由我代理”，等等，接着他大放厥词，说什么“为了东亚各国的共存共荣，日军正进行大东亚圣战，日本是东亚最先进的国家，日本民族是东亚最优秀的民族，因此，大日本承担东亚的盟主是当然的事情。日本是神国，有神圣的天皇，不败的皇军和伟大的大和魂，在东亚圣战中，大日本攻无不克，战无不胜，一定会取得最辉煌的胜利……”

伊势的讲话被翻译给劳工们之后，他又指着两侧的日本人一一进行了介绍，大抵是说这些人都是中山寮的辅导员，今后战俘劳工们要听从他们的指挥，否则严惩不贷……

从介绍中大家了解到，“辅导员”就是监工。这帮人除石川外，其余都是从中国战场上退役下来的残废军人，有的缺一条腿，有的瞎一只眼，有的身上有许多伤疤。他们都是在战场上致残的，对中国人充满了仇恨，也异常凶狠。后来的相处使战俘劳工认识到，这些人都是杀人不眨眼的恶魔。

伊势的训话结束后，监工小烟向劳工宣布了重新任命的劳工队干部，耿谆仍为大队长，罗士英仍为副大队长，李克金为第一中队长，张金亭为第二中队长，王成林为第三中队长，任凤岐为伙食管理员。

宣布了干部任用名单后，小烟又向劳工们宣布了几项纪律，什么听到熄灯号要熄灯，听到起床号要起床，干活不许偷懒，等等。

整个训话结束，日本监工要大队长耿谆带领各中队打扫房间，分配住房。日本人走后，耿谆将每个中队分为 3 小队，指定了小队长。为了便于管理，他把房屋按 3 个中队的人数进行平分，每个中队的木板房又分为 3 个小房间，每个房间住一个小队，即 30 多人。

木板房的四壁和地面都铺着木板，中间是走路的通道，两边是大通铺，分为上下两层床。屋内吊着光线很弱的电灯，床铺上放着稻草垫子和木枕头。战俘劳工们把房间简单地收拾了一下，将背上的线毯放到床铺上，就算住下了。

第二天早饭后，战俘劳工们集合在空地上的旗杆下。代理寮长伊势命令中国劳工面向太阳旗朝东京方向站立，弯腰九十度鞠躬行礼，向天皇“遥拜”。战俘劳工认为这是奇耻大辱，大家怒火满腔，心里暗暗地骂着：大爷们鞠躬是为你们“吊丧”，不是拜你们的天皇。

“遥拜”结束，伊势又用生硬的中国话讲道：“我们日本人都在为大东亚圣战尽力，你们中国人也别白吃饭，从今天开始先干点轻活，在山坡上开出块地来，用来种庄稼和蔬菜吃……”

战俘劳工被带到离住地不远的山坡，眼前是一派顽石遍地、荆棘丛生的场景，可谓是荒凉贫瘠的不毛之地。大家挥动铁锹和铁铲在山坡上铲野草，挖树根，捡乱石。日本监工在一旁负责监视，时不时地指手画脚，发现谁在干活间隙喘气歇脚，立即大骂不止，有时还用手中的木棍殴打那些不服监工的人。

树林草丛中有很多小黑虫，当地人叫野马蜂，既会飞又会跳，专门叮咬人体裸露之处，被这种虫子叮咬后，皮肤立时就会刺痒疼痛并肿起来。如果用手挠破，就会感染、溃烂、化脓，继而发烧病倒。十几天后，当这片荒地被开垦出来时，就有十几个战俘劳工病倒了，其中两个在病倒后又遭到监工的毒打，不久便离开了人世。

安顿战俘劳工住下后，耿谆又着手安顿到日本后死亡的两名劳工的后事。当时耿谆之所以要带他们的遗体上车，是想着有朝一日能把他们的骨灰带回祖国。所以到山中寮后，耿谆找到代理所长安排了两个难友的火化事宜。难友们先把死者尸体抬到中山寮附近的钵卷山，再在山坡上架起木柴，对尸体进行了焚烧。尸体燃尽后，拣几块尸骨装入一个小木盒内，再把死去的难友在战俘营拍的相片贴在各自的盒子上，最后写上死者的名字和死亡时间。

由于他们是最初死亡的两个人，中山寮的日本管理人员不知是善心发作还是为了笼络人心，请来了信正寺住持茑谷达道和尚，为他们的亡灵进行了超度。这些离世的难友，一到日本就病逝，看上去似乎很不幸，但比起后来去世的难友，他们又是幸运的。他们没有遭受此后战俘遭受的苦难和虐待，他们还被日本的佛家给予了超度。而之后逝去的劳工，不仅生前遭受了奴役和虐待，死后火化时因尸体太多，常常几具尸体一块儿火化，也再没有请和尚超度过。

将骨灰盒放在骨灰室里后，大队长耿谆代表全体劳工向两位难友的骨灰遗像默立，鞠躬致哀。自此以后，每有劳工去世，耿谆都组织大家默默献上自己的哀悼。

2. 繁重的苦役

花冈町的半山上有座铜矿（同和铜矿），夏天山洪暴发后，矿床被淹没，而开矿的废水流向了山下的花冈川。为了保护铜矿，日本矿主决定从山顶到山下挖一条水渠，改变山水流向，既能防止矿床坍塌，又能排泄矿上的污水。而具体的施工任务，就是改造自然形成的花冈川，把这条河道裁弯取直，拓宽拓深水渠。

这条河道非常难挖，下面不是泥土，而是大大小小的碎石流沙，时不时还会碰上挖不动的大石块，要用炸药炸开；两侧山坡上有许多排水沟、污水沟，不停地从山顶流向山谷汇入河道，战俘劳工只能将双腿泡在河水中艰难地挖掘，把带水的砂石装入带孔的网包中，然后再把装满砂石的网包从水中拉出，抬到山坡上倒掉。

凶恶的日本监工每天都在工地上来回走动，监视着战俘劳工的一举一动。发现谁不驯服，举起木棍就打，打够了，才骂骂咧咧地走开。有一次，一名战俘劳工干了很长时间的话，累得实在受不了，便停下手中的活计伸了伸腰。谁知刚好被监工福田发现，他像疯狗一样吼叫了两声，拄着木棍蹦到这个劳工身边，二话不说，举起木棍照着他的头上就打，只听“啊”的一声惨叫，这个劳工昏倒在满是泥水的地上。

见此情景，福田不但不住手，反而用棍子朝他身上继续进行殴打，还怒气冲冲地用中国话喊叫：“起来，起来，爬起来……”

图14　战俘劳工幸存者张肇国（中）向旅日华侨中日友好促进会秘书长林伯耀（左）介绍被强掳的经历（何天义研究室征集图片）

被棍打的战俘劳工躺在地上不动了，福田伸出手用力拉拽，而他依然一动未动。福田用脚猛踢了两下，嘴里说道："死了死了的好！"说完便扔下这名战俘劳工，扬长而去。

收工时，福田命令其他劳工把这个劳工抬回中山寮，并罚他一天不给饭吃。难友们不听福田的屁话，耿谆让小号兵王占祥在门口站岗，然后和大家一起给这名难友喂水端饭。不幸的是，他已经吃不下了。两天后，这位难友含恨离开人世。临死之际，嘴里还不停地念着"杀——福——田！"

一天，监工清水在二中队的工地上监视着劳工。他见一个瘦弱的青年干得很慢，就把他叫到跟前骂了几句，又举起棍子朝其头上打去。那青年惨叫一声，一头栽倒在地上，镐头从手中滑落，鲜血从头上流出，身子抖了一下，便再也没动弹。清水仍不解气，又朝其打了几棍，踢了几脚，嘴里骂道："八格牙鲁，乌索，乌索！"（浑蛋，装死，装死！）

打骂完毕后，清水弯腰把这个战俘劳工翻过来看了看，见人已死去，便恶狠狠地说："死了死了的好！"随后命两个战俘劳工将这个青年的尸体抬走。

中国战俘劳工的生命就是这样的不值钱，日本监工就是这样的虐杀中国战俘劳工，战俘劳工胸中的仇恨在一天天地积累。

开挖河道的工程分为两步，第一步是挖掘，第二步是在挖好的沟里浇铸水泥，每挖掘一段，便浇铸一段。浇铸水泥需要大量的石子、沙子和水泥，这些材料都需要战俘劳工从山谷底部的公路边，一点一点背上来。每袋水泥重达 50 公斤，每人每次最少要扛一袋，有的则要扛两袋。战俘劳工们饿着肚子，肩上扛着一两百斤的水泥向山上爬。他们喘气如牛，像拉风箱一样；汗水直流，如下雨一样。有时两眼冒金花，两脚哆嗦如筛糠，不时地打着软腿，稍有不支便跪倒在地。尽管如此，稍有怠慢便会遭到监工木棍打和皮鞋踢。

半山腰上，有几条旧铁轨和翻斗车（日本人称轱辘马）用来运输大石头。装一斗车足有两三千斤，无论上坡下坡都靠战俘劳工手推肩扛。由于营养跟不上，战俘劳工的身体虚弱，经常出事故，许多人被撞伤撞死。特别是一些老人和孩子，根本承受不了这么繁重的劳役。大队长耿谆找事务所反映情况，在多次请求和抗争下，花冈出张所同意耿谆的建议，成立了老头班，负责种地砍柴；成立了小孩班，负责烧水送饭干杂务；成立了病号班，负责伤病员的护理治疗。

3. 饥饿与寒冷

在中山寮，不仅繁重的劳役吞噬着战俘劳工的生命，饥饿、寒冷也吞噬着这些可怜的生命。自从进入中山寮后，战俘劳工们从没有吃过一顿饱饭。早饭是一个二三两重的窝窝头，和一根长毛的烂咸菜；中午饭在工地吃，每人一个馍，两碗稀汤；晚饭在食堂吃，每人只能喝两碗稀面汤。由于粮食短缺，中山寮还用苹果渣和橡子面代替粮食给战俘劳工食用。

橡子面是用橡树的果子磨出来的，面是土黄色的，做出的馍硬得像石块，吃下去难以消化，肚子发胀，一喝水就拉肚子，有的战俘劳工就是拉肚子拉死的。面对此情，大队长耿谆找到寮长河野正敏，要求增加口粮。几番请求后，过了两天，河野派人给中山寮拉来两包马骨头和一些萝卜缨，就算是增加了口粮。

耿谆是大队长，日本人规定他的饭可以由勤务员送到住处吃，可以随便吃，想吃多少吃多少。但他没有这样做，每天在食堂里和大家一起吃同样的饭。他还告诉炊事班和其他中小队长，不许多吃多占，不许克扣大家的食品，蒸馍大小要一样，分得要公平，大队长亦不能多占多吃。正是这种关心大家、照顾大家、同甘共苦的精神，使耿谆赢得了战俘劳工的尊敬，使朝不保夕的苦难同胞紧密团结在一起，在绝望中增强了活下去的希望。

尽管如此，饥饿的威胁还是一天比一天严重，有的人竟饿得失去理智。一个劳工因身体虚弱，大队长让他负责焚烧战俘劳工的尸体。一次在焚尸时，他拾到一块小马皮，就用火烧着吃，吃完了半生不熟的马皮，他仍饥饿难忍，于是，他猛然撕下一块烧焦的人肉吞下了肚子。

有人把这事告诉了耿谆，难友们都要求惩罚他。当这个瘦得皮包骨头的难友跪在耿谆面前时，耿谆半天没有说话，泪水夺眶而出，他拉起面前“呜呜”痛哭的难友，强忍着哽咽说道：“我们就是饿死，也不能再做这样的事！”

当大队长耿谆再次找到伊势要求增加口粮时，伊势不仅指责他与日本不一心，还骂耿谆“八格牙鲁”，并想出一条毒计，从当天起，每个人都要减去1/10口粮，原因是病号太多，影响了工程进度。要想不减粮，人人都要去上工。不久又宣布，病人不做工，不能同做工的人吃同等的口粮，从当天起，凡是病号，口粮减少一半。这样一来，病号的病情逐渐加重，病死的人也在增加。

1944年的冬天来到了。花冈的冬天，北风凛冽，大雪纷飞，奇寒无比，有时气温降到零下十七八度。然而战俘劳工们还得照样上工，他们身上穿着破烂的衣服，脚上穿着到花冈后日本人发的草鞋，冻得浑身发抖，牙齿打架，嘴里不住地喊：“冷啊，冷啊……”

如果被监工看到听到，反说战俘劳工偷懒，催促其道：“快快地干，干出汗就不冷啦！”天越来越冷，不少人被冻伤，有的冻掉了脚指头，有的冻烂了脚后跟，有的人正干着活就“扑通”一声栽倒在雪地上冻死了。

大队长耿谆一连四次去找河野正敏和伊势智德，要求发放给劳工防寒的衣服和鞋具。鹿岛出张所才给每人发了一套很薄的旧衣服和一件线背心，另外每人发了一双仅能盖住脚面的草鞋。这些衣服根本挡不住刺骨的寒风，战俘劳工们照样冻得浑身发抖。至于新发的草鞋，早就磨烂了鞋跟，磨掉了鞋底。这样的草鞋在雪地行走，双脚的温度使鞋上的冰雪融化，一收工，在寒冷中冻成硬邦邦的“冰鞋”，战俘劳工的双脚不是被冻伤，就是被鞋里的泥沙磨烂了肉，有的竟露出血淋淋的冻肉和白森森的脚骨。

夜幕降临后，中山寮燃起了一堆堆火，战俘劳工们忙着烘烤身上的衣服和脚上的鞋。衣服很潮湿，如果头天顾不上烘烤，第二天上工时就硬得穿不上；鞋子里有泥水，如果不烤干，第二天早晨同样会硬得穿不进去。

风越来越大，天越来越冷，战俘劳工冻得无奈，就把睡觉盖的线毯围在腰中，在风雪中干活。后来被日本监工发现，命令他们把腰中的线毯扒掉。不久，战俘劳工们开始用废弃的水泥袋撕成衣服的形状，再用纸袋的线绳连接起来做纸衣服，在穿之前先用手揉搓，穿起来也很柔软。但没多久，又被监工发现了，他们命令战俘劳工脱掉衣服，撕碎纸衣，还对战俘劳工在高坡上罚站。只一会儿工夫，战俘劳工就冻得瑟瑟发抖，浑身发紫，嘴唇发黑，上牙打下牙，有两个劳工还冻昏在地上。看到有战俘劳工倒在地上，几个坏监工又要过来用棍子殴打他们，幸好对劳工友善的监工石川在场，他对其他监工说："打了不罚，罚了不打。"才使战俘们免去一顿毒打。

劳工活着的时候像牛马一样为日本人干活，被日本人打骂虐杀；死了以后，日本人将尸体装进一个装水果的小木箱，再抬到烧尸场，一把火就将人变成灰，草草装入一只小木盒。这就是战俘劳工永远的归宿。早期的战俘劳工死了后会单独进行焚烧，单独装盒，后来死的人多了，就改成三五具尸体一起烧，骨灰混在一起，装盒时只能每盒抓一把完事。

日本企业主唯恐这笔血债被发现、被清算，就在战俘劳工的《死亡报告书》上做文章。战俘劳工本来是被饿死、冻死、打死的，日本人却在《死亡报告书》上填成"急性肺炎""日本脑炎""虎列拉（霍乱）"等，根本不许填"营养不良""脑部受伤"等词。如果一天中死亡人数较多，他们就把死亡时间改为几天。例如：1945 年 7 月 1—3 日，日本虐杀战俘劳工达 100 多人，而他们报上去的人数只有 3 人。

4. 暗中酝酿的暴动

有压迫就有反抗，压迫越强，反抗越烈。鹿岛公司给战俘劳工安置的生活条件和劳动条件本来就很差，加上由日本残废军人组成的监工队伍带着仇恨来管理监督工人，花冈战俘劳工遭到的虐待更加惨重。提起这些监工，战俘劳工无不咬牙切齿。多数人表面上不与监工抗争，背地则软磨硬泡消极怠工，特别是华北地区被抓的共产党八路军和抗日民众。在石家庄战俘营、北平战俘营，都采用把共产党、国民党混合编队的做法，这支劳工队里的河南国民党战俘占多数，也有一些共产党领导的八路军战俘。因为大队长耿谆是国民党军人，所以中小队干部大都是国民党军人，也有少数人是共产党领导的八路军成员，他们的身份没有公开，但他们的行动耿谆看在眼里，记在心里。

原国民党上尉军需刘虞卿由小队长调任队部文书以后，由共产党员抗日区长王敏（化名张开化）代理第七小队长。他上任后，对难友们非常关心，为减轻劳动强度，他和其他小队长合谋，趁监工不注意，一次又一次偷偷移动当天的劳动定额标记，使大家在监工的严密监视下少干了不少活。

在铺设水泥管道时，他们偷工减料，趁监工不注意，将地上大大小小的木头填入制作水泥管道的模型里代替混凝土，这种省工省力的办法减轻了大家的劳动强度。小队长的责任是指导监督队员劳动的，他却经常在工地上为怠工的队员站岗放哨。日本监工来了，他就打手势，让大家紧张地干一阵，日本监工走远了，就继续让大家磨洋工。耿谆对王敏的做法很赞同。为照顾一些体弱有病的劳工，就把他们调到王敏的第七小队，使他们能少干些活，不至于被挂上病号，被克扣口粮。

王敏经过半年的观察，认为大队长耿谆虽是国民党军人，但忠厚、正直、善良，对同胞们充满同情心，是一个有骨气的汉子。于是在1945年春天，主动找耿谆进行了一次长谈。经过这次谈话，他们彼此间加深了了解，建立了互信，交流了对劳工队的看法。此后，由于王敏私下的动员工作，越来越多的队长和队员开始找耿谆谈心，要求耿谆带领大家暴动，与敌人拼个你死我活。

耿谆也经常找一些伤痕累累、悲恸欲绝的劳工拉家常，解除他们心中的疙瘩，增强其活下去的勇气和反抗斗争的力量。

1945年3月，第一批强掳到花冈的300名战俘劳工死亡近百人，而死亡人数还在一天天增多，再不暴动，劳工们早晚要被虐待致死殆尽。不暴动必死无疑，暴动则有希望，与其坐以待毙，不如奋起抗争。为了使暴动万无一失，耿谆选择在他的住室与骨干们进行谈话。为了不至于泄密从而牵扯到更多的人，他每次只找一个人谈话。通过谈话，劳工中的国民党与共产党、中央军与八路军建立了抗日统一战线。暴动骨干王敏等也按照耿谆的指令，利用干活和睡觉等时间，同其他战俘劳工们谈心，讲述日本监工对战俘的残忍暴行，点燃大家复仇的烈火，把全体战俘劳工团结在一起。

经过近百次的密谋商议，耿谆觉得暴动计划已经成熟，就在晚上背着几个亲日的汉奸和态度暧昧的队干部，公布了暴动计划并组织成员进行了讨论，将暴动时间定在4月底以前。就在大家暗中进行准备时，从鹿岛公司花冈出张所传来一个消息，为了加速河道工程建设，中山寮近日将再来两批中国劳工，耿谆的暴动计划不得不推迟。

1945年5月5日，第二批中国劳工被押送到花冈中山寮，原定600人，押到花冈町只剩下587人。

1945年6月4日，第三批中国劳工被押送到花冈中山寮，原定100人，到花冈町只剩下98人。

这些劳工都是日本在山东用猎兔式作战抓捕的中国民众，有的是抗日军民，有的是普通民众，但都被定为反日嫌疑犯，先关进济南、青岛战俘营，后强掳到日本。

这些劳工到来后，与第一批剩余的100多名劳工混合编为1个大队4个中队，后因为死伤的人很多，不久又合编成3个中队。中队长分别是张金亭、宫跃先、王成林，大队长仍是耿谆，副大队长仍是罗士英，大队副是李克金、孙道敦。

新来的两批劳工带来了外界的消息，也为暴动增加了新生力量。此时，欧洲战场上，盟军已攻克柏林，德国法西斯已垮台，德意日三个轴心国已经垮了两个；太平洋战场上，盟军已经开始反击，美军已控制了制海权、制空权，并开始在日本本土进行轰炸。听到这些消息，耿谆和暴动骨干非常激动，都认为中国必胜，日军必败，对暴动更加有了信心。在耿谆的领导下，大家分别找新难友谈心，争取他们的信任和支持。

第二批和第三批劳工听闻第一批劳工的苦难诉说，看到他们不到一年都变得面黄肌瘦，骨瘦如柴，不成人样，活着的只占一半，心里都想着：他们今天的死亡，可能就是自己的明天。于是把对同胞的同情变成对敌人的仇恨，增强了反抗斗争的决心和勇气。

新来的劳工中队长宫耀光是个有血性的汉子，对日本人恨得直骂娘。当他看到劳工被饿死、打死时，更是义愤填膺。耿谆观察了他一段时间，认为其可以信赖，便找他谈心，介绍了花冈町的情况和准备暴动的计划。宫耀光听了以后非常激动，表示愿意以生命做担保，随时听从耿大队长的指挥。从此，宫耀光也成了暴动的骨干，并暗中在新来的劳工中发展力量，进行准备工作。

在第二批押来的劳工中，有一个中国翻译叫于杰臣，他不是劳工，但对中国劳工很同情。耿谆认为此人可以争取，就想让其弄点白酒，在端午节以向日本监工们“敬酒”的名义，将监工灌醉，伺机举行暴动。可于杰臣想尽了一切办法，也没搞到酒，错过了端午节暴动的时机。

随着时间的推移和劳动的加重，第一批来的战俘劳工已经死亡过半，第二、第三批劳工的死亡人数也在增加，如此下去，这千名劳工将被日本人虐杀殆尽。暴动骨干又开始催促大队长耿谆。

耿谆心想，尽管自己早已将生死置之度外，但如果暴动失败，将使同胞们丧生敌国，自己将如何向他们的家人交代，那样岂不成了历史罪人。他的内心不断挣扎着，思索着。两天后，他终于想通了：不战也是死，战也不过一死，为民族尊严而死，将死得其所。这种死将会震撼日本，将使日本不敢再丧心病狂地虐杀其他在日劳工，暴动虽败犹荣。

端午节暴动未能按计划施行，使一些人了解了暴动的计划，如果走漏风声，暴动将前功尽弃。大家都认为暴动不能再拖，必须尽快举行。于是，耿谆和骨干们商定，在7月7日“卢沟桥事变”纪念日举行暴动。他们认为，确立在这一天暴动将更有意义，即使暴动不能成功，战俘劳工全部牺牲，也很有意义。为抗日死，死得其所。

七、是谁催生了暴动

1. “突贯期”的来临

耿谆和暴动骨干刚刚确立了暴动日期，中山寮的日本监工突然宣布，河川改道工程进入“突贯期”，也就是人们常说的加班加点突击干活的突击期。

这天晚上，中山寮寮长河野正敏突然来到中山寮，让监工吹紧急集合号。大家劳累了一天还没吃晚饭，听到号声也不知有什么事，就慢慢腾腾地走向空场。等队伍站好后，代理寮长伊势智德已等得不耐烦，他先走到队前恶狠狠地说道：“你们中国人，吃饭慌慌的，猪狗一样；集中慢慢的，熊一样，统统的八格牙鲁，你们站好了，好好地听着，我们的寮长河野君要给你们训话。”

伊势说完退到后面的监工队伍，河野正敏走到队前开始训话。

“你们这些人听着，雨季马上来到，可你们的河川改道工程却进展迟缓，你们大大的懒惰，吃饭的多多，干活的少少，这样下去不行。从明天开始，工程进入‘突贯期’，你们要加班加点地努力干活，在 7 月底洪水到来之前，将工程完工，为大东亚建设做出新贡献……”

工程“突贯期”开始了，日本监工每天天不亮就吹起床号，并提着木棍、皮鞭窜到劳工宿舍大吼大叫，见谁穿衣慢走路慢，不是打就是骂。还窜入病号房，把那些正在拉痢疾的病号统统赶出屋，只要还能走动的一律强迫去工地。劳工们每天工作 15 个小时，有时甚至工作 17 个小时。每人每天早、午饭是一个橡子面窝窝头，晚上仍是两碗稀糊糊，每天都有劳工被饿昏，被打骂。监工们像发疯的恶狗、野狼，残酷地虐杀劳工。

劳工王丙辉在挖沟时，肚子疼得厉害，实在忍不住了，急忙跑到一个僻静处解手。日本监工福田看到后，气势汹汹地窜过去，二话不说，一棍子就抡向王丙辉的头。王丙辉一声惨叫，连裤子还未拉上便一头栽倒在地，鲜血从头上、耳朵里流出。福田还不罢休，一面用脚踢，一面还骂道：“八格牙鲁，乌索！乌索！”见王丙辉已死，便让劳工张德宽就地挖坑，把他埋掉了。张德宽见王丙辉死得悲惨，边挖边哭，福田就对张德宽恶狠狠地说：“你的快快地干活，哭的不要，他的死了死了的好。”

一天晚上，二中队因白天的任务没有完成，日本监工让劳工们在工地集合，穷凶极恶的清水吼道：“你们支那人的心，统统地坏了，吃饭大大的干活小小的，我统统地打你们。”说完就举起鞭子抽打劳工的头。一个老年劳工用手挡了一下皮鞭，并后退了两步，清水更恼了，一把将老人拉出队伍，推倒在地，一只脚踩住他的身子，用鞭杆子砸打他的头和脸。接着又抡起皮鞭乱抽，直到把老人抽得皮开肉绽，昏死过去。

“突贯期”开始没几天，便有十几名劳工含恨死去，而病倒的则达几十人。目睹同胞们病倒惨死的情景，耿谆心想，如此下去，不需多久劳工都得累死打死。不提前暴动，就不能救出难友，暴动非速不可，他决定提前暴动。

图 15　耿谆在战后揭露日本残害中国战俘劳工的罪行（何天义研究室征集图片）

1945 年 6 月中旬的一个晚上，耿谆同暴动骨干开会，准备把暴动时间由 7 月 7 日提前到 6 月 27 日，并要求大家加速准备工作。就在这时，给日本监工当勤务的孟连祺突然告诉耿谆，同情中国劳工的日本监工“老太君”石川和“小太君”越后谷义勇恰在 27 日值班，这两个监工平时对中国劳工很同情，从来没有打骂过劳工，还在伙食上、干活中关照劳工。如果他们当班时暴动，很可能误杀他们。耿谆思前想后，认为绝不能伤害他们，于是征求大家意见，把暴动时间由原来的 6 月 27 日推迟到 6 月 30 日的深夜。

2. 肖志田被毒打而死

为了保障战争中的金属需要，日本在秋天铜矿搞突击生产，不顾劳工的死活。日本监工这群鹰犬更是时常对工人们大打出手，中国战俘劳工过着腥风血雨的日子。

肖志田，20 岁年纪，曾经是英勇的八路军战士，1944 年 5 月在雄县王家台的对日伏击战中被日军俘虏，强掳到中山寮。他本来是个很壮实的汉子，繁重的劳役和长期的饥饿使他满身疾病，瘦骨嶙峋，但日本监工却不许他成为“病号”。

这一天，站在工地的泥水中，他晕头转向，眼冒金花，突然眼前一黑，一头栽倒在泥水中。监工福田见状，一下子窜过去，将他从泥中拉出来，举起棍子便打，一口气竟打得他昏死过去。他苏醒过来的时候，已到下工的时间，福田过去踢了肖志田一脚，说道：“你的懒猪的干活，太君打你，你的乌索乌索（装死装死），太君的命令你不许掉队！”

肖志田被逼迫着跟在队伍后面，因为身体有病，又遭此毒打，还是掉了队。福田过来，不由分说又是一顿谩骂毒打。饥渴难忍的肖志田看到路边有个被人扔掉的饭团，赶忙捡起来，将粘泥带土的饭团塞进了嘴里。福田见状，恶狠狠地踢了肖志田两脚，说道：“你们什么的干活，偷吃东西的干活，你的死了死了的。”

回到中山寮，福田不许劳工吃饭，命令全体劳工集合，听他训话：“肖志田大大的坏，干活猪的一样懒，开路牛的一样慢，太君打他他装死，掉队后又偷吃东西，猪狗不如，丢脸的干活。”说着把肖志田推到队伍前，对耿谆讲：“耿大队长，肖志田违反纪律，你的有责任，你的惩罚他。”

耿谆怒视着福田，一动也不动。

福田一时被震住了，他满脸怒气地说：“你的八格牙鲁，大大的坏了！”

说完，气哼哼地走到张金亭面前，吼道：“肖志田违犯纪律，你的中队长的干活，责任大大的，你的狠狠地惩罚他。”

说着，将手中的棍子递到张金亭面前。

张金亭记住大队长“自己人不打自己人”的规定，看了一眼福田，也没有伸手去接福田的棍子。

福田万万没想到，连张金亭也敢不听他的话。他恼怒地暴叫着用棍子狠狠地朝张金亭的身上打去，边打边说：“你的打不打，你的打不打……”

肖志田看到张金亭为自己挨了打，痛苦地说道：“中队长，你就打我吧，反正这顿打逃不过，打完了让兄弟们吃饭去，不要为我一个人让大家站着挨饿。”张金亭任福田肆意殴打，就是不说话。

会说中国话的桧森久壮蹿上前去，左右开弓地在张金亭脸上打了两个耳光，并大声吼道：“张金亭，你的浑蛋，太君的话，你怎么不听，你想找死吗？快去打肖志田，快点！”

张金亭仍是一动不动，福田怒气冲冲地说道：“张金亭，你的大大的坏了，改日再找你的算账！”

说完，福田走到肖志田身边，举着棍子往肖志田的头上、身上、腿上狠命地打，直打得肖志田头破血流昏死在血泊中。

福田见肖志田不动了，用脚狠狠地踢了一下，肖志田仍然一动不动。桧森命令担任司务长的汉奸任凤岐："任凤岐，你去弄水来浇他!"

任凤岐立刻应声："太君，他的装死，我马上弄水来浇他。"说完，便一路小跑地走了。

耿谆看着这个汉奸，心里骂道："任凤岐，你活不了几天了，不杀你天地不容!"

战俘们也都小声骂道："狗日的任凤岐，你不是人。"

很快，任凤岐提着一桶水走来，望了望福田和桧森："太君，泼水吧？一泼他就醒了。"

福田、桧森几乎异口同声："泼，狠狠地泼……"

任凤岐提起水桶朝肖志田头上泼去，冷水一激，肖志田醒过来了。

福田和桧森见肖志田醒了，又举起棍子朝着他狠命地毒打，一会儿，肖志田又昏死了过去。

福田看了看肖志田，又回头看了看劳工们，说道："他的死了死了的好，你们的解散吃饭。"说着和其他监工提着棍子走了。望着倒在血泊中的肖志田，又看着远去的监工的背影，耿谆真想大吼一声，率领战俘劳工把这群监工剁成肉酱。但他没有冲动，他让大家把肖志田抬回宿舍，再让大家解散吃饭。两天后，肖志田含恨死去。

3．刘泽玉遭酷刑致残

刘泽玉，标准的山东大汉，饭量大，饿得快，每天的三顿饮食不够他一顿吃的，饥饿使身强力壮的他变得皮包骨头。为了填饱肚子，每天都要找树叶、野菜吃。这天吃完饭后，他又溜出村子，到后山找野草野菜吃。不巧被查房的监工小畑发现。看到刘泽玉不在，他不问青红皂白就左右开弓地打了小队长刘锡财几个耳光，并恶狠狠吼道："刘泽玉什么的干活，你们说来！"

刘锡财是刘泽玉的老乡，知道他此时是去找吃的，便说道："他去方便了，一会儿会回来，请太君放心。"

小畑吼道："什么的放心，太君的不放心，你们找他回来。"

正在这时，刘泽玉慌慌张张地赶了回来，刘锡财和难友们的心放了下来。

小畑见刘泽玉进屋便审视起来，突然他眼一瞪，举起双手，照准刘泽玉的脸左右开弓来了几个耳光。

打罢耳光，又吼叫道："你的偷东西的干活！快快地掏出来！"原来他发现刘泽玉的衣服口装是鼓的。

刘泽玉知道不掏不行，无奈地把口袋里的树叶和野菜掏了出来，放在小畑的面前。

小畑见是野草树叶，急忙改口说："你的偷偷地出去，偷偷地吃东西，大大的丢人，大大的犯纪，八格牙鲁。"

小畑一面吼叫，一边用脚把这些树叶、野草踩成烂泥。

说完，又用棍子捣了一下刘泽玉的头，扫兴地走出了木板房。

劳工们认为这事已算完了，没想到第二天晚上收工后，监工们又不让劳工吃饭，集合起大家来训话。

队伍站好后，小畑便说起昨晚的事："刘泽玉的犯纪，他偷偷地出去，偷偷地吃草，丢脸的干活，今天惩罚他！死了死了的干活。"

接着把刘泽玉推到队前，向劳工队的队长们说："刘泽玉的干活，小队长、中队长、大队长，统统的有责任，你们的惩罚他，死了死了的打。"说着把棍子递过去："刘锡财你的小队长，你的先打。"

刘锡财一动不动，他又把棍子递到张金亭跟前："张金亭，你的中队长，你来打他。"张金亭用眼瞪着小畑，也是一动不动。

小畑见状，扭头看向大队长耿谆，耿谆威严地站着，面色铁青，一言不发。

小畑恼羞成怒："你们统统的坏了，统统的坏了！"他扔掉棍子，跑到刘泽玉面前，将其衣服撕下。其他监工福田、清水、猪股、桧森等，也像疯狗一样扑向刘泽玉，连打带推，把他弄倒在地，用脚在其头上、脸上、身上、腿上乱跺。

刘泽玉是条山东硬汉，任监工乱踢乱打，始终没有求饶，没有呻吟，最后一动不动地昏死过去。

日本监工见刘泽玉不睁眼不动弹，又说他装死。福田点了一支烟，用烟头在刘泽玉的脸上脖子上乱烫，吸几口烫一下，吸几口烫一下，刘泽玉被烟头烫得慢慢醒来。

清水则到厨房用铁夹子将烧红的铁块拿来放在刘泽玉的腿上，眨眼间，一股夹着呛人气味的白烟从刘泽玉的腿上冒出来，疼得他惨叫着在地上打滚。铁块从刘泽玉的腿上滚落，清水还不死心，又把铁块再次夹放到他的大腿上。

刘泽玉一阵惨叫，昏死过去。劳工队伍里传出了微微的哭声。

等监工们走后，耿谆命人把刘泽玉抬回房间。耿谆和队长们守在他身旁，一口一口地喂他喝水，又想办法为其治疗烧伤。在大家的治疗下，刘泽玉大难不死，坚强地活了下来，却落下一身伤残。

4. 薛同道含恨九泉

收工的号声总算吹响了，二中队劳工薛同道累得一点力气也没有了，还没走进集合的队伍就眼冒金星，两腿发软，一头栽倒在工地上。

他已严重腹泻三天了，为了不使监工克扣那点少得可怜的饭食，他强忍着难受坚持干活，几天来已经昏倒两次了。

没等薛同道醒来，监工清水的皮靴就踢到他的身上，边踢边说："你的八格牙鲁，一个人的开路，回去晚了，死了死了的!"清水说罢，押着队伍向中山寮走去，薛同道咬牙站起来追赶队伍。等他走到花冈河小桥时，望着脚下"哗哗"流淌的河水，想起三天前在这里栽进河里的难友，自己也想一头扎入花冈河，结束这屈辱的生活。但想到过几天耿大队长就要带着大家同敌人决一死战时，他忍住了死的念头，决心活到雪洗耻辱的那一天。

当他走到“韩国寮”附近时，眼前一黑，又一头栽倒了。一个韩国老妈妈把他唤醒，并把一个饭团子递到他的面前，他正要伸手去接时，耳边忽然传来脚步声和凶恶的吼声：“薛同道，你的，什么的干活？”

薛同道大吃一惊，回头一看，发现监工小畑和代理寮长伊势走了过来，他还没回过神，手中的饭团就被小畑一巴掌打落，掉在了满是泥土的地上，并被小畑用脚踩成泥饼。

接着小畑飞起一脚，踢在薛同道的脸上，顿时，薛同道的嘴和鼻子都流出了鲜血。

伊势也吼道：“你的快快的开路，太君的等你。”小畑也喊道：“快快的开路！不然死了死了的！”说罢，两人气势汹汹地走了。

薛同道被韩国老妈妈拉起来，含泪告别而归。他一回到中山寮，就被监工小畑用绳子捆了起来，锁进黑暗的仓库。

接着，日本监工把大、中、小队长召集到“医务室”，把薛同道从仓库里拉出来，连踢带打地推到医务室。

代理寮长伊势指着桌子上那个粘着泥土的饭团，对耿谆等人说：“耿大队长，你的看到了吧？你的明白？你的大大的有责任！”

伊势说罢，桧森用中国话向众人说道：“今天收工回来，薛同道装病不好好走，竟敢向韩国人讨饭吃，这是不允许的，这是中山寮的耻辱，是鹿岛组的耻辱，也是你们中国人的耻辱。薛同道严重违反纪律，你们队长管束不严，是有责任的，听懂了吗？把你们队长叫来，就是为了让你们好好受教育，以后好好管教你们的人！”

桧森说完后，伊势走到薛同道的面前，猛地将燃烧着的烟头狠狠地戳到了薛同道的脸上。

薛同道被烧得“啊”的一声大叫，突然将一口唾沫吐到了伊势的脸上。

伊势恼羞成怒，大吼一声：“给我打！”

伊势的话音刚落，福田便一个箭步蹿到薛同道身边，一棍子打在他的后背上，接着又是几棍子，硬是将薛同道打趴在地上。此时，其他几个可恶的监工也扑了上来，木棍、皮鞭、皮靴，无情地打在薛同道身上，薛同道昏死在血泊中。日本监工见状，这才喘了几口粗气，骂骂咧咧地住了手。

小畑指着昏死的薛同道，说是装死，然后同伊势嘀咕了几句，便蹿了出去。

不一会儿，小畑拎着一根又短又粗的皮鞭一样的东西，和汉奸任凤岐进了屋里。任凤岐手中还提着满满的一桶水。

耿谆不知小畑拿的什么，张金亭拉了拉他的衣服，小声说：“那是牛阳鞭，打人利害得狠，能要人命。”

此时，小畑挥舞着牛阳鞭来到薛同道身边，用脚踢了踢他的脸，见他没有动弹，便用鞭子指着任凤岐说：“泼，给我泼醒他！他的装死，良心坏！”

汉奸任凤岐提起水桶，照着薛同道的头泼了下去，嘴里还说着："我让你装死，我让你给太君装死。"

昏死的薛同道被泼醒后看到任凤岐，咬牙切齿地骂道："任——凤——岐，你这个狗……"

小畑见薛同道醒来，狞笑着说道："你的起来呀！起来呀！今天你的死了死了的干活。"

说完便狠狠地举起手中的牛阳鞭，向薛同道的脸上、头上、身上打去，打得薛同道一声接一声地惨叫，再一次昏死了过去。

代理寮长伊势见状，向监工们摆了摆手，然后领着这群疯狗扬长而去。

薛同道的衣服已经被抽打成碎布，陷进了血肉模糊的伤口里。耿谆和大家心痛地将薛同道抬进病号室，将他小心地放在床上。刘智渠和赵满山在队长耿谆的指挥下，沾着水轻轻地慢慢地揭掉他沾满血肉的碎衣服。

薛同道在昏迷、呻吟、痛苦之中挣扎着。三天后，受尽日寇凌辱和毒打的薛同道用尽最后的力气，微弱地呻吟道："大——队——长——为——我——报——仇!"

话未说完，薛同道就圆瞪双眼，含着仇恨咽下了最后一口气。

八、被镇压的暴动

第一批劳工来了仅仅一个月，在“突贯期”中就饿死、累死、病死许多人。活着的劳工增加了危机感，这样下去，用不了多久大家都会葬身花冈。特别是难友肖志田被毒打而死，刘泽玉被酷刑致残，薛同道含恨九泉，这些悲剧如同火上浇油，使耿谆和广大战俘劳工怒火满腔，义愤填膺，都盼望着早日举行暴动，为死去的同胞报仇雪恨，大家抱着一个决心——宁做刀下鬼，不做亡国奴。

1. 一改再改的计划

要暴动先要制订暴动计划，花冈暴动也不例外。从酝酿到暴动先后制订过三个暴动计划。第一个暴动计划是在1945年初制定的，第一批强掳到花冈战俘劳工已由290多人剩下150人。为了争取劳动和生存条件，他们制订了“华人袭日总队”计划，后因听说国内有劳工即将被押到而推迟。

第二个暴动计划，是在1945年6月上旬制订的，此时第二、第三批劳工被押进了花冈中山寮，新来的近700名劳工与原来的100多名劳工合为一个大队，人员增加到800多人。耿谆想利用端午节以向监工敬酒的名义，灌醉并杀掉日本人的监工后举行暴动，后未能实施。

第三个暴动计划是在1945年6月下旬制订的，原准备7月7日全体战俘举行暴动，后因难友肖志田、刘泽玉、薛同道被迫害事件的发生，大家提出把暴动提前到6月27日。后来为了不伤害“老太君”石川和“小太君”越后谷义勇，避开他们值班的时间，遂改为6月30日夜。在确立暴动时间后，耿谆和暴动骨干对原来的计划又进行了修改。这个计划从第一次到第三次，经改动多次（基本内容都是第一个计划设想的内容），可以说计划还是严密的。

具体暴动分为四步：

第一步，把暴动骨干分成几支队伍。一支包围并制服中山寮惨无人道的监工队伍；一支前往东亚寮，袭击那里的日本监工，解救那里的中国劳工；一支负责杀死助纣为虐的汉奸司务长任凤岐，并派人切断电话线，控制几个态度暧昧的队干部，使他们不能为敌人通风报信。

第二步，在第一步行动成功后，分出两支队伍，一支队伍袭击花冈警察署，夺取枪支弹药；一支袭击美军俘虏营，联合美军俘虏一起暴动。同时由炊事班负责当天的饮食和两天的干粮。

第三步，在第二步成功后，唤醒全体劳工讲清暴动计划，并宣布行动纪律，每人携带一件劳动工具当作武器，尽快逃离中山寮，转移至北海道。同时带领病号随队出发，不使一人掉队。

第四步，暴动队伍在海边集结后，突袭夺取船只驶向大海，向祖国靠近。如不得手，则背海一战，而后集体投海自杀。

2. 处决恶监工和狗汉奸

1945年6月30日深夜11时，中山寮内劳工们孕育已久的怒火终于爆发了。暴动骨干们提着铁镐和铁锹，悄悄来到大队长耿谆所住的门口。看着浑身是胆的同胞们，暴动总指挥耿谆不禁热血沸腾，他沉着严肃地做了简短的动员，再次明确了分工：

“弟兄们，我们等待已久的暴动就要开始了，孟连祺已经去监工房中察看动静，只要见他的手势，暴动就立即开始！”

“金亭、秀深、锡财，你们几个带人在监工房的门外等候，看到孟连祺的手势，立即冲进去，处决罪恶的监工。今晚石川太君没有回家，翻译于杰臣也在里面，让他们从门口逃走，不要伤害他们。”

“玉林、虞卿，你们带人守候在汉奸任凤岐门口，金亭他们一动手，你们立即冲进去，将这个民族败类处决了。

“开化（王敏），你负责监视副大队长罗士英和中队长王长林，不许他二人乱动。”

“肇国，你带人作为预备队，在此待命。”

部署完具体任务，耿谆又叮嘱几句：

“弟兄们，为我同胞报仇，扬我民族尊严的时候到了，大家一定要勇敢机智，沉着冷静，下手要猛，动作要快！千万不要鲁莽，准备行动吧！”

这时，为日本监工充当勤务工的孟连祺接到了大队长耿谆的命令，便轻轻地拉开两道门，他看见白天凶神恶煞般的日本监工，此时睡得像死猪一样，有的踢开被子露出腿，有的把被子拉到一旁，有的说着梦话，有的打着呼噜。

孟连祺正准备转身离开，忽见靠近门口的监工福田抬起脚翻了个身。孟连祺一惊，以为他没睡着，立即倒了一杯水递到他的床前，小声说道：“太君、太君喝水吗？”

福田没有吱声，又打起呼噜。孟连祺又在室内看了一遍，蹑手蹑脚地退了出来，向等在门外的袭击队员打了个手势。

负责袭击监工宿舍的领队张金亭看到手势，立即向身边的队员喊道：“进！”

第一个冲进去的是刘锡财，他的任务是进门把守电话机，可这位杀敌心切的山东大汉，抡起镐头就把电话机砸碎了。这一响动惊醒了屋中的日本监工，监工桧森惊叫了一声：“谁？”随后冲进去的李秀深，一个箭步冲过去，高举镐头向其头部砸去，桧森往前一蹿，镐头砸进了他的肚子，“噗”的一声，他的肚子被刨了一个大窟窿，随即咽气身亡。

李秀深砸死桧森后，看见一个监工从窗户里往外跳，于是他一镐头砸到其后背，只听见“啊呀”一声，那监工带伤跳出了窗外。见此人逃走，他又举起镐头向另一个监工砸去，镐头一歪，砸到了床上。他一看是石川，便急忙说道：“快从门口逃吧！”石川听罢，惊慌地从门口跑了出去。此时，其他队员也一起动手，刘锡财和李志国几乎同时向监工猪股砍去，猪股“啊”了半声，脑袋就开了花，他俩不放心，又在其肚子上补砍了一下。

阴险狡诈的小畑听到动静，急忙起身，却被张金亭一脚踢倒，他趴在地上向张金亭磕着头：“请饶命，请饶我一条狗命吧！”

张金亭愤恨地说：“饶命？老子今天要你的狗命！”飞起一脚将小个子小畑踢到几个队员的跟前，刘锡财等人举起镐头一起砸向小畑，结果了他的狗命。

此时，已被李黑成等人打伤的清水趁着混乱，不顾伤痛跳窗逃命；福田穿着小裤衩，趁黑暗夺窗而逃，睡在角落的翻译于臣杰被吓得心惊肉跳，声音颤抖地说：“我——我是——于臣杰。”张金亭听到后说：“快从门口跑！”于臣杰从床上跳下，慌慌张张地从门口跑走。

“鬼子跳窗逃跑了，快追呀！”

屋内屋外的劳工们闻声都来追堵，原定准备去夺取美军战俘营、东亚寮战俘营和警察署执行任务的难友，也都跑来分头进行追杀。

负责处决任凤岐的刘玉林和刘虞卿，在混乱中突然冲入任凤岐的宿命。任凤岐被惊醒，问道：“谁？你们是谁？”

刘虞卿一个箭步蹿到任凤岐的床前，一把将他从床上拉下来，骂道：“任凤岐，你这个败类，睁大你的狗眼看看，我是你刘虞卿大爷，他是你刘玉林大爷，门口还有你几位爷。”

见此情景，任凤岐跪倒在地，哆嗦地说：“你们要干什么，你们……我要喊太君啦……”

见任凤岐死到临头还拿日本人吓唬劳工，刘玉林飞起一脚踢到他的前胸，挥起拳头照准这张龌龊的脸就是两拳。刘虞卿也忍无可忍，一脚将任凤岐踢翻在地，两人又冲上去踩在他的肚子上和头上。

任凤岐此时才知道凶多吉少，慌忙连声求饶：“大哥饶命，大哥饶命。”

刘虞卿骂道：“我是你大爷！”

任凤岐急忙改口求饶：“大爷饶命，大爷饶命！我再也不给日本人做事了。”

刘玉林气愤地说：“任凤岐，爷爷们今天让你死个明白，你是民族的败类，是背叛祖国的狗东西，不要你的狗命，对不起死去的难友，洗不去中国人的耻辱！任凤岐，你罪该万死！”说罢，不等任凤岐再次求饶，刘虞卿等人一起举起十字铁镐，劈死了这个肮脏的民族败类。

除掉任凤岐，刘虞卿等人刚喘了一口气，就听到外边传来喊声：“鬼子跑了，快追呀！”于是他们提着带血的铁镐追出中山寮，在树林草丛中搜索。忽然，刘虞卿听到山坡上有呼呼的喘气声，急忙追了过去，远远一看是“独眼狼”长崎，为了减轻负担，他扔掉铁镐拼命追赶。长崎见有人追来，也拼命往上跑，慌不择路间突然被山石绊倒，刘虞卿顺势抱住其摔倒在地。不料长崎又挣扎着翻过来，刘虞卿又拼命将他压到身下，两人在山上翻了十多个回合，谁也按不住谁。正在这时，刘锡财提着铁镐赶到："虞卿，快闪开。"

刘虞卿急忙松手，从长崎身上闪开，刘锡财即刻举起镐头狠狠地劈下，长崎当即丧命。

当耿谆听说小畑、猪股、桧森、长崎这几个日本恶魔和民族败类任凤岐已被打死时，心里非常高兴，当听到伊势、清水、福田已逃跑后，他感到事态严重了，心中焦虑不安。

全部杀掉中山寮的凶恶监工，不让一个人逃跑，这是暴动计划的第一步，也关系着暴动的成败和几百名同胞的生命安危。现在却逃跑了几个敌人，这意味着什么？监工逃跑出去会报警，日本军警很快会调人来镇压，战俘劳工将面临一场灭顶的灾难。

3. 奔向狮子森山

耿谆毕竟是一个久经沙场的指挥员，他胆识过人，很快镇静下来，对站在面前的暴动骨干说道："弟兄们，事到如今，不能再按原来的计划进行，我们必须随机应变，准备同敌人决一死战了。现在立即以小队为单位叫醒劳工，带队集合，每人带一件工具作为武器，离开中山寮，按原计划向北挺进。"

当多数劳工从梦中醒来，知道中山寮发生的事后，大家都非常激动。在中小队长的催促下，队伍很快集合了，700多名战俘劳工黑压压地站了一片。耿谆走到队伍前面，镇定自若地说道：

"弟兄们，同胞们！"

人群马上静了下来。

耿谆接着说："今天晚上，我们的暴动英雄已经为大家报仇雪恨了。小畑、猪股、桧森、长崎这几个坏监工和民族败类任凤岐已被处决了。这是大家做梦都想干的事，但是，伊势、福田、清水这几个坏家伙逃跑了，这对我们的行动十分不利！"

平静的队伍有点骚动。

"我们本打算杀死所有坏监工，再让大家吃顿饱饭，带上干粮逃离中山寮，前往北海道，乘船回到祖国，现在看希望不大了，逃出去的监工很快会报警，敌人很快会来镇压我们。"

"不过，大家不要慌，现在我们还有时间离开这个人间地狱。就是被敌人镇压了，也不用怕，我们是为争取自由、捍卫民族尊严与日寇决一死战。如果我们死了，祖国不会忘记我们，我们死得其所。"

"出了花冈寮，我们直奔北海道，如果形势不利，我们就上山打游击。出发前我宣布三条纪律：一、不准私入民宅；二、不准擅自离队；三、不准扰民。老百姓无罪，我们只与拿枪杆子的日本兵拼杀，路上不伤害也不恐吓日本民众……"

宣布了有关纪律，耿谆又喊道："弟兄们，跟我出发！"

说罢，转身迈步，带领大家离开中山寮。

战俘劳工们在中小队长的指挥下，互相搀扶着病号，急匆匆地跟着大队长耿谆前进。

山风呼呼地吹着，残月昏昏地照着，暴动队伍在深夜的山路上前行着。走出中山寮不远，花冈町就传来一声尖锐刺耳的警笛声。

队伍陆续前进，有人报告前边的大路口已有人把守，看来敌人已布置了拦截。事情紧急，耿谆命令队伍停下，传令各中小队长和暴动骨干开会商议。

大家很快聚集到一个空阔的地方，你一言我一语地说出了自己的想法和意见。

有的说："能走就走，不能走就拼，大不了一死……"

有的说："我们没有武器，干脆上山，占据有利地形，用石头与敌人决一死战。"

有的说："我们有七八百人，拼死一战，他们也占不了便宜!"

耿谆发现大家的战斗激情很高，内心备受鼓舞，便站在一个土埂上说道：

"弟兄们，敌人已经开始包围我们，天亮以后会有一场恶战，我们没有枪支，也没有救援，要同敌人血战到底只能靠大家的团结，只能靠大家的决心。根据大家的意见，我决定全体队伍立即上山，用我们手中的家伙，用山上的石头和树干跟敌人决一死战，各中小队长带好队，立即顺着山路登上狮子森山"。

崎岖的山道，杂草灌木丛生，越往上走山路越窄，有的道窄得只能走一个人。战俘劳工们大多数身体虚弱，如今却要攀爬这狭窄陡峭的高山，有的走着走着就晕倒了，有的赤脚登山，双脚被山石荆棘连硌带刺，流出了鲜血。

天快亮时，暴动队伍中的领导耿谆等人才走到半山腰。此时，队伍散得满山遍野，而山脚下警车的尖叫声、呐喊声不停，远处一辆辆打着灯的汽车向狮子森山奔了过来。耿谆心想，看来敌人在向他们包围，天亮后会围攻他们。几个队长带着几十个人走到了耿谆身边，耿谆让大家喘口气，然后对他们说："天马上要亮了，战斗马上要开始了，各队长负起责任，争取在天亮时将大家带上山顶，占领有利地形，准备跟围攻的敌人恶战一场。"

叮嘱完几个队长去召集起落后的难友，耿谆带着李克金、王占祥等人向山顶走去。等他们登上山顶时，发现这座山并不高，山上有许多大大小小的松树，战俘劳工正在一群一伙地顺坡向上爬。山脚下呼喊声、汽车喇叭声响彻山野，数不清的日本人向狮子森山发起了围攻。

耿谆对身旁的小号兵说："敌人开始攻山了，你去通知各中队长，选择有利地形，多备些石头，准备与敌人战斗。"

王占祥答应了一声，跑下山顶，耿谆和身边的四五个人开始做起战斗准备。

中国战俘劳工的"花冈暴动"震撼了日本列岛，消息传出，日本当局紧急调集民团、宪兵、警察、部队两万余人集结到花冈，团团围住狮子森山。搜山的人群黑压压的一片，如蚁如蟑倾巢出动。无数提着尖头竹竿和弯头铁钩的便衣民团，被持枪挥刀的警察督促着向山上爬去，后边是大批的宪兵和部队。他们向山上冲来，一边走一边向山上喊话：

"你们跑不了啦，快下山吧，我们不杀你们给你们饭吃!”

“中国人，你们不要听耿谆的话，快把他送下山来!”

“耿谆！你快下山投降吧!”

喊声越来越大，越来越近，爬上山的日本人越来越多。看着逐渐接近的日本人，战俘们只恨手中没有一挺机关枪把成片成批的敌人扫下去。

敌人向暴动队伍冲了过来。战俘劳工搬起身旁的石块，顺着山坡向下扔，一块百把斤的石头顺着山坡，一蹦几尺高地向山下滚去，滚进前来镇压的日本人群，砸得他们一声接一声地惨叫。短兵相接，刀光剑影，厮杀声，呐喊声，镐锹与棍棒和枪支的搏击声，受伤者的惨叫声，回荡山谷。

太阳出来后，日本人向山上发起猛烈的总攻，密集的子弹打得战俘劳工抬不起头，而战俘劳工身旁的石头也扔完了，只能眼睁睁地看着日本人向山上冲来。

由于没有枪支子弹，战俘劳工只能与冲上来的日本人开始肉搏。他们挥起铁锹、铁镐和木棍，与手持竹竿、铁钩、大刀、枪支的日本人进行拼杀。十几个日本人对付一个战俘劳工，身体虚弱、疲惫不堪的战俘劳工哪里是日本军警的对手。最终，他们一个个被打倒，被刺伤，被捆绑，在枪刺和棍棒的威逼下，被赶下山，扔到一辆辆汽车上。

此时，坚守山顶最高处的耿谆和身边的几十名暴动骨干也被密密麻麻的敌人包围起来。他心想：原来准备暴动后与敌人决一死战，没想到失败来得这么快，痛哉惜哉，今为洗雪耻辱，奋不顾身，率难友暴动，被困山顶，身处绝境，危在旦夕。我个人生死荣辱不足为念。只是愧对祖国，愧对同甘共苦这一千兄弟。壮志未酬，我死不瞑目……

“活捉耿谆——活捉耿谆。”

“耿谆快投降吧!”

敌人的喊声越来越近，包围圈越来越小。看着围上前来的日本人，耿谆对身边的难友说道：“不成功便成仁！我耿谆要以身殉国!”边说边摸索着身上那把备用的刀子，但没有摸到，那把专门让小号兵打造的用来自杀的刀子，不知在什么时候丢失了。

他万分焦急，又命令身边李克金：“克金，快把你的绑腿解下来给我用一下。”李克金知道耿谆要用绑腿自缢，脸上一脸的痛苦，他没有解绑腿，只是看着耿谆：“大队长，你——”

一直跟随左右的小号兵王占祥，也失声哭泣：“大——队——长……”

耿谆再次命令李克金：“克金，快点，快点!”

李克金含泪解下了一条绑腿，极不情愿地递给耿谆。耿谆接过绑腿，迅速把带子的一头绑在树根上，另一头绑在自己的一只腿上，中间缠住脖子，然后坐在一块石头上，用脚猛劲向前一蹬，只听“啊”的一声大叫，耿谆顿时口鼻流血，昏死过去。

众人见此情景，无不流泪痛哭，少顷，李克金也学着耿谆的样子把绳子绑在脖子上……

就在这时，一群持枪的日本宪兵和警察冲入暴动战俘坚守的最后一块阵地。当他们发现耿谆和李克金自缢时，立刻用刺刀割断了绑腿带，然后用绳子将耿谆和李克金捆了起来。而后又将被打伤打昏的王占祥等几十名战俘劳工也捆了起来。

耿谆从昏死中清醒过来，看到自己和战友又一次被俘虏时，心中悲伤不已，万分难过。他想跳下山崖自杀，无奈日寇将他和众人绑在一起，只好和难友们一同被押回花冈町共乐馆。

4. 共乐馆广场的屠杀

所谓共乐馆，就是花冈町的一个演剧场，它的前面是一个铺满碎石子的宽阔广场，空荡荡光秃秃的一棵树也没有。没想到这个供日本人娱乐的广场，在1945年7月的前三天，却成了战俘劳工死难的广场。

7月1日上午，日本军警和民团攻下狮子森山后，将活着的和伤残的战俘劳工绳捆索绑地从山上驱赶下来，用汽车拉到共乐馆前的这个广场。此时，广场四周已栽起一根根木桩，围上了铁丝网。广场的四角，有日本兵高架着机关枪，四周和大小路口到处都有荷枪实弹的宪兵、握大刀的警察和手持棍棒的日本民团。在广场的入口处站满了当地的妇女儿童，有的对受害者表示同情，有的对战俘劳工嘲笑取乐。

战俘劳工被一批批押进广场，凶残的日寇从车上驱赶战俘劳工下车时，蛮横地将他们从车上推下来、扔下来、踢下来，完全不顾他们的死活。一个两眼红肿、满身是血看不清东西的战俘劳工，竟被日本兵拽着扔下了汽车，结果他一头栽倒在地上，鲜血流了满地，当场就离开了人世，其惨状令许多围观的妇女儿童当即泪流满面。

7 月 1 日中午，在暴动劳工全部被押回共乐馆广场后，日本宪兵和警察把精力转到暴动的策划者和直接杀人者，对可疑者都拉入共乐馆内的“临时军事法庭”进行审讯。

宪兵看见战俘劳工李担子身上有血，就怀疑他是杀人者，首先将他拖进这所临时军事法庭，先打了他一顿耳光，然后将他仰面朝天捆在长凳上，向他嘴里灌凉水，等肚子灌满水，人也昏死了。日本警察猛地把凳子竖起，使李担子脚朝上，头朝下，一瞬间，肚子里的凉水倒灌下来，从他的嘴和鼻子里喷射出来。水吐得差不多了，李担子也醒了，警察把板凳平放下来，接着再灌，如此四次，把李担子折腾得神志不清，魂飞魄散。

刘锡财的身上并无血迹，但警察看他长得魁梧，也把他带进临时军事法庭。一个便衣警察用中国话说：“你小子长得很结实，一定是你动手杀人了。”

刘锡财昂首挺立：“如果这是杀人的标准，这世界便是小个子的天下了，你长得也不弱，按你的观点，你也是杀人犯了。”站在旁边的警官一听火了，他一挥手，两个警察就冲了上来，用房梁上悬下来的铁丝将刘锡财的两个大拇指缠紧扎牢，再把铁丝一拉，刘锡财的身子被吊到半空中，他撕心裂肺地叫喊着，眼珠子瞪得暴突吓人。

警察问他：“人是谁杀的？”

刘锡财呻吟着说："是我！是我！"

"还有谁?"

"就我一个人"

"可是逃出来的辅导员说有20余个。"

"不对，就我一个人，杀了我吧！"

就在这时，被缚绑在椅子上的耿谆说话了："请你们把他放下来，你们打错人了，我是这件事的主谋，这全是我做的事，其他人不过听我的命令行事的，别的事他全不知，来打我，杀我吧，把他放下来。"

便衣警察与长官耳语了几句，他们把刘锡财放下来，开始审问耿谆："谁是同谋者?"

耿谆封口闭目，再也不说话，便衣警察火了，脱下皮靴对着他的脸部打起来，耿谆的脸立时肿起来，鲜血从鼻子中流出。看见这幕情景，十多个共乐馆的难友自发地站了出来："我是同谋，我是同谋！"

于是，那个高级警官把这些人同耿谆一块儿带到共乐馆旁边的花冈警察署，进行更残酷的审讯拷打。

夜幕降临时，广场上一个挨一个地关押了六七百名战俘劳工，远望黑压压的一片。日本军警强迫他们统统跪下，战俘劳工不跪，日本人就用木棍、枪托、刺刀、拳脚连踢带打，连戳带刺，残忍地将大家打倒在地，强迫他们排成一行一行的队伍，朝着一个方向跪下。并要求每个人必须腰板挺直，屁股不许挨着脚后跟，也不许互相说话，左顾右盼。发现谁跪得不合要求或说话乱动，立即用棍棒进行毒打；发现谁歪头打瞌睡，立即拉起来打耳光，直打得口鼻流血，然后再用脚将其踢倒跪下；发现谁昏倒在地，就让周围的人架起他来在广场里跑圈，等其苏醒后再毒打一顿送回原地。

日本军警将战俘劳工每两个捆绑在一起，只要发现其中一个人没有跪好，就会将两个人同时毒打一顿。看押中国人的民团和警察还在下跪劳工的队伍中走来走去，用木棍和枪托挨个进行殴打，从排头打到排尾，从排尾再打到排头，一个人打过去，另一个人又打过来。

7月的花冈，天气炎热而多变，白天烈日炎炎，晚上雨水绵绵；白天太阳暴晒，晚上暴雨浇头。许多难友含恨地闭上眼睛，永远地走了。在日本人疯狂的摧残下，中国劳工一个一个倒下了，即使在狂风暴雨中，日本人也不放松对战俘劳工的监视，他们穿着雨衣，提着矿灯，拿着木棍，在劳工队伍中走来走去。

三天三夜，日本人不给战俘劳工一口饭吃，一口水喝，只有毒打、暴晒和雨淋。难友们两膝跪在尖利的石子上，皮肤和肌肉被刺破，鲜血染红了石子和地面。对待死去的战俘劳工，日本人随意将尸体抬到广场一角，就像堆木柴一样堆成一大堆。后来，死去的人越来越多，日本人干脆就不管了，任死人在石子地上趴着、仰倒或歪斜。尸体白天被烈日暴晒，晚上任雨水浇淋，不少死者的头颅被雨水泡得惨白，肚子被雨水浸得鼓胀，直流黄水。成群的苍蝇在死者的身上爬来爬去，眼睛里、嘴里、鼻孔里、耳朵里，蛆虫畅通无阻，蠕动滚爬。大部分死者面目全非，认不出是谁，以至无法登记在死亡名单上。广场上一片血腥、恶臭。

那些到达花冈较晚、身体原来较好的劳工，在这种虐待下，也都半昏半迷，奄奄一息，双膝早已血肉模糊，疼痛早已麻木不知，神经早已近乎崩溃。死了的人，惨不忍睹；活着的人，生不如死。

在日本警察宪兵虐待战俘的同时，作恶多端未被战俘处死、头上缠着绷带的监工福田，也手提木棍，在广场上走来走去，寻找着报复的目标。当他发现小队长王敏后，像疯狗一样蹿了过去，先给了王敏几个凶狠的耳光，而后又吼道："王敏，你的起来，你的杀人的干活，走！"

福田吼罢，将王敏拉出队伍拖进共乐馆，后押进花冈警察署。押走王敏，他又窜回来寻找下一个目标。突然，他发现了小八路孟连祺，于是又一次扑了过去，将孟连祺拉出队伍送进共乐馆审讯。

此后，又有李秀深、刘锡财等十几个人被拖进共乐馆，接着又关进花冈警察署。其他人仍在广场上煎熬。这场"示众"已进行了三天三夜，共乐馆已经有 118 人被折磨至死，活着的 500 多名战俘劳工也濒临死亡。

直到 1945 年 7 月 4 日，共乐馆广场这场惨绝人寰的屠杀方告结束。日本当局将广场上伤痕累累、奄奄一息的战俘劳工重新押回中山寮。由于长期苦役和这些天的折磨，战俘劳工们都经历了一场死亡的摧残，有的只剩下最后一口气。由共乐馆广场腐尸引发的疾病猖狂肆虐，许多人患上了不知名的病症。每天都有人死去，有时一天死七八个人。他们已经干不成活了。日本当局不得不改变管理方法，每天增加两袋口粮，把橡子面改换成粗黑面，把过去拎鞭举棒的监工换成持枪带刀的警察。为了防止再次暴动，下工后，一切劳动工具统统被锁入了大木箱。

中国战俘劳工以顽强不屈的精神，以生命和鲜血为代价，与日本法西斯进行了殊死的斗争，换来了生存条件的稍稍改善。虽然未达到最终目的，却震慑了日本当局，使他们不敢再轻视中国的战俘劳工。

在暴动半个月后，花冈警察署署长三浦大一郎和花冈中山寮寮长河野正敏来到中山寮。训话动员结束后，他们又逼着战俘劳工继续干之前没有干完的河川改道工程。而被关押在花冈警察署的暴动领袖和骨干，还在经受日本警察的刑讯逼供。

九、审判、再判、再审判

1. 警察署的刑讯

花冈警察署是一座魔窟，为防止耿谆与同伙串供，警察将他们各自单独关进一间房子。耿谆和花冈暴动的骨干们在这里遭受了酷刑拷打。宪兵警察想用严刑逼供，让他们说出日本当局需要的口供。十几个暴动的英雄被轮流审讯，而耿谆则是每天必审的首犯。

一天，耿谆又被带到审讯室，日本宪兵持枪而立，行刑者手拿皮鞭和棍棒，一个少尉军官正襟危坐在办公桌后，屋内气氛恐怖。耿谆被押到桌前，少尉军官一见他便拍桌而起，大声吼道："耿谆，你想好了吗？快把你的同伙杀人者说出来！"

耿谆瞪眼望着审问官，用嘶哑的声音回答道："我想好了，我不知道谁是我的杀人同伙，我耿谆也无罪，有罪的是那些该死的'辅导员'（监工）！"

"耿谆，你率众暴动，杀死'辅导员'，这难道无罪吗？"

"他们残杀我们数百条人命，难道不该死吗？我们劳工暴动完全是被迫无奈，忍无可忍。”

“耿谆，你太残暴了，你听听外边那些被你们杀死的‘辅导员’的家属哭得多伤心，难道你不该认罪吗?”

“我同胞在中山寮被他们虐杀那么多人，他们谁没有家属，谁没有父母、妻子、儿女、兄弟姐妹？他们天天都在哭，你知道不知道?”

“耿谆，你是一个狡辩的高手，但你不招供是不行的，你到底说不说是谁杀的人!”

“我是暴动的主谋，我负一切责任，与其他人没有关系，你定我的罪吧。”

“你……太顽固了，打!”少尉军官气急败坏地命人对耿谆用刑，站在一旁的宪兵举起皮鞭、棍子朝耿谆的头上、脸上、身上乱打，直到耿谆被打昏在地。

每次审判都是一场酷刑，每次审判都是一场斗争。正义与邪恶的抗争。

在另一间审讯室里，王敏正在被审讯，他知道一顿酷刑是少不了的，但打死也不能连累难友们。

“罪犯王敏，你是不是打死了‘辅导员’，你要如实回答。”一个宪兵军官问道。

王敏不假思索地回道：“不是!”

“是谁打死的?”

“不知道!”

“你是不是参加了暴动的谋划?”

“没有!”

“王敏，你到底说不说?”

“我不知道谁杀的人，也没有参加谋划暴动，我只能说这些。”不管怎么问，王敏都是“不知道”，气急败坏的日本人开始对他用刑，皮鞭抽，棍子打，还用大木刀向王敏的身上、头上、脸上乱戮乱扎乱砍，王敏的右眼被木刀刀尖戳破，鲜血顺着脸往下滴。

宪兵军官又问：“王敏，你到底知道不知道?”

“不知道，还是不知道……”

“给我用火烧。”宪兵军官一声令下，日本警察用铁夹子夹着一块火炭放到王敏的小腿上、脚面上，腿和脚冒着白烟，“滋滋”作响，他惨叫两声，昏了过去。

审问李克金时，宪兵和警察先把他用铁丝反绑双手吊起来一阵毒打，打昏浇醒后厉声问道：“李克金，你和耿谆是不是同谋?”

李克金的回答很坚定：“我不知道耿谆谋划暴动，我也没有参与谋划。”

“有人说你打死了日本人，你认罪吗?”

“我没有打死日本人，我无罪!”

“你说是谁打死的日本人?”

“我不知道!”

“你不说就继续打你!”

“就是把我打死，也还是不知道!”

“我不信你是铁打的人，打!”

警察宪兵用棍棒和皮鞭将他打昏，浇醒，再问，再打，再次昏迷。

刘锡财也是被吊起遭受毒打审讯的。审判官问他：“刘锡财，你杀了日本人是吗?”

这个山东大汉吐了一口血水，大声地说：“不错，是大爷我杀的！我那晚还要杀福田狗日的，只是他狗腿跑得太快逃跑了……”

“你不要放肆，你要好好认罪，将你的同伙说出来。”

“我没有罪，也不知道谁是我的同伙!”

“你不说是要判死刑的!”

“爷爷我杀人时就没想活!”

法官问一句，刘锡财答一句，但有用的口供，法官一句也得不到。凶狠的日本警察感到对刘锡财使用棍棒殴打并不解恨，又用刺刀朝他的伤口上刺去，并在流血的伤口上来回搅动，直疼得刘锡财发出阵阵惨叫……

所有关进花冈警察所的人都经过多次刑讯，审问次数最多的，仍然是暴动领导人耿谆。审判官的规格也越来越高。

1945 年 7 月 8 日，日本宪兵司令从东京赶到花冈警察署，亲自审讯耿谆。耿谆又一次被宪兵押入审讯室。翻译告诉他，上面坐的人是日本宪兵司令，是特意从东京来看你的。

耿谆看了看坐在椅子上的宪兵司令，见他肩上的星就知道他是个大佐，心想：花冈这几个没有拿枪的暴动分子，竟然惊动了日本的宪兵司令。

宪兵司令看到耿谆的脸上有血污，立即命人端来水，并叫警察解开耿谆的绑绳，让耿谆洗了脸。

耿谆洗过脸，宪兵司令又让手下搬来椅子，让耿谆坐下，两个人一问一答地开始了审问。

“在什么地方被俘？”

“在洛阳战场被俘”。

“你是如何被俘的？”

“脚中弹昏倒后被俘的。”

“为什么暴动？”

“我们劳工每天做 16 个小时重体力活，也吃不了半饱，雪天雨天从不停止，监工对我们动辄拳打脚踢，横加罪名，滥施毒刑。劳工衣不遮体，因受摧残而死者达 300 多人，而监工小烟竟用牛阳鞭活活将我同胞薛同道打死，这是侮辱我中华民族，所以要暴动。”

“为什么不向负责者要求增加吃的和改善待遇？”

“我曾和翻译于杰臣一起去过数次。”

“吃的增加了多少？”

“一点也没有增加。”

“你向何人要求？”

“河野正敏。”

“河野正敏是什么人？”

“监所长。”

“我已查明你是中国将官阶级。”

“我是尉官阶级，被俘时尚佩有徽章。”

“中国政府授给你什么任务？”

“我阶级很小，根本够不上接受政府的任务。”

“是不是中国政府授给你颠覆日本的任务？”

“不是，暴动是为了挽救劳工的生命，是为了洗雪我们在这里所受的耻辱。”

“你们出去后往何处去？哪里接济你们？”

“为了不在中山寮被虐杀，出去寻找生路。哪里都没有接济。”

“你们暴动计划了多少天？”

“没有计划过。”

“没有计划过怎么能将人带出去？”

“我是大队长，我向全体劳工下达命令，并亲自命令他们逃出中山寮。”

“你下命令他们都听吗？”

“战俘都是军人，军人养成了服从的习惯。”

“你都指挥谁打死了日本人？”

“不知道，当时很混乱。”

“按法律，打死人员要抵命的。”

“在中山寮，我国战俘死去数百人，何人应该负责，谁来抵命？”

“这与直接杀人不同，直接杀人要抵命。”

“我杀人我抵命，我愿剖腹！”

“这要考虑。”

审问至此，日本宪兵司令狠狠地拍了一下桌案，站起来说了一句什么，并竖起拇指。翻译告诉耿谆说：“队长，他说你伟大!”

此后，耿谆再次被押回牢房。

第二天，也就是 7 月 13 日，宪兵审讯历时 12 天结束，耿谆等 13 人又被戴上手铐、脚镣，乘火车由花冈押往秋田，被押入秋田县监狱。

2. 邪恶对正义的审判

离开花冈警察署的当天，耿谆等 13 人就被日本宪兵押送到秋田县监狱。狱警把他们带入一个大房间，命令他们将身上的衣服统统脱掉，脱得一丝不挂。然后逐个检查、登记，把每个人的身体状况也进行了登记。登记过后，狱警拿来囚服，让他们换上后走进一个过道。过道的两边是一间挨一间的小囚室。耿谆等 13 人分别被关入 13 个小囚室。

小囚室约 3 平方米，里边有一个榻榻米，一个小木桌，一个小碗，一双筷子，还有一个便池。头顶上有一个小吊灯，灯上面有个黑罩，晚上灯一亮，就要把黑罩放下来将灯盖住。窗子上也有黑罩，晚上也要把黑罩拉下来盖住窗口，怕灯光从窗口射出去。因为美国飞机经常来轰炸，怕美国飞机发现光亮的目标而招致轰炸。

耿谆等人吃睡均在小囚室中，放风的机会很少，每天吃饭时从门口的小铁门递进一个印着“五”字的饭团，然后盛一碗稀菜汤。吃过饭后，不到晚上睡觉时间，都被要求一律坐着，不准歪着或躺下，一经发现，立即就打，打后一天内不准吃饭。

俗话说：阎王好见，小鬼难缠。日本的宪兵司令审问耿谆时，又是让洗脸，又是给凳子坐，似乎还有点人道主义，还讲点道理。可在他们的基层——秋田县监狱的执法人员根本不讲法律，不讲人性。审讯还是靠用刑，耿谆和他的弟兄们每经审讯都要被用刑。但已将生死置之度外的暴动英雄们依然是宁死不屈，令日本法庭大伤脑筋。

一天，5个穿便衣的日本人把耿谆带进审讯室，他们命令耿谆跪下，耿谆拒不下跪，而是盘腿而坐。审讯没有翻译，他们用夹生的中国话胡乱审问，边审边用木棍朝耿谆的肩背和头上乱打。

“耿谆，你的暴动的干活，是不是中国政府的指使?”

“不是。”

“暴动与什么地方的劳工联系?”

“哪里也没联系。”

“你命令谁杀了人?”

“不知道。”

日本人从耿谆嘴里问不出什么，就狠命地打他，直到将其打昏过去。

此后又这样接连审问了三四次，每次都将耿谆打昏过去。因此，耿谆落下了头疼的后遗症，直到几十年后脑袋还经常隐隐作痛，脖筋扭动时还会“啪啪啪”地作响。

不久，秋田县法庭的佥事长来到监狱，向耿谆等人问讯，并做了记录。就在这时，狱外发生了翻天覆地的变化，日本天皇在广播中宣布了投降诏书，但盟军还没有完全进驻日本各地，日本的法律机器还在运转。他们向狱中的中国战俘封锁了消息，还按照日本的法律对“花冈暴动”一案进行着审判。可能受日本战败的影响，他们也担心盟军进入日本本土后会秋后算账，在量刑时有些谨慎。

9 月上旬的一天，耿谆等人由狱警押着，来到秋田县的正式法庭。法庭中身穿法官服装的三人坐在庭上，佥事长坐在一侧，翻译坐另一侧，耿谆等暴动骨干去掉手铐后，坐在法庭下面。

法官宣布开庭，佥事长宣读口供。读完之后，法官宣布，口供如有不符，准许提出。李秀深听到要判耿谆死刑时，立即举手说道：“大队长没有杀人，判他死刑不公平！我们不服！”

担任翻译的花冈警察急忙说：“今天不算判决。”

第一次开庭结束后的第二天，又进行了第二次开庭，耿谆发现少了李克金，便询问狱警，这才知道因证据不足，李克金同王敏、孟连祺、刘智渠等人被免予起诉予以释放了。耿谆没有为自己的判刑而难过，却为难兄们逃过一劫而高兴。

第三天，即 1945 年 9 月 11 日，秋田县地方法院第三次开庭，对“花冈暴动”一案进行正式判决。耿谆和暴动的骨干们，一个个不卑不亢、昂首挺胸，面对法官和狱警，显出了凛然正气。法庭也知道盟军很快就要进入日本本土，也在考虑自己未来的命运，因而对“花冈暴动”普遍进行了减刑。一名法官将耿谆等人的罪状列举之后，检察官长谷川进行了宣判：

耿谆，暴动首魁，由死刑改判无期徒刑。

李克金，谋议参与暴动，因证据不足，无罪释放。

孙道敦，谋议参与暴动，判十年徒刑。

张金亭，同上，判十年徒刑。

赵树森，同上，判五年徒刑。

刘锡财，同上，判三年徒刑。

刘虞卿，同上，判二年徒刑。

刘玉林，同上，判二年徒刑。

宫耀先，杀人，判八年徒刑。

李光荣，杀人，判五年徒刑。

张赞武，杀人，判三年徒刑。

褚万斌，杀人，判八年徒刑。

李秀深，杀人，判六年徒刑。

判决结束后，律师起身为耿谆等人辩护：“凶恶的罪犯背后有着悲惨的生活，耿谆不是出于私怨而率领暴动。杀人逃亡，他身为大队长，负有统率全体的责任。孙道敦等人也是如此，所以请求法庭予以一律减刑。”

辩护之后，检察官长谷川宣布执行原判。

耿谆等人被狱警押回秋田监狱。

这次审判是“花冈暴动”的第一次审判，尽管受日本投降的影响，法庭对暴动者进行了减刑，但这仍然是邪恶对正义的审判，是侵略者对被侵略者的审判。这种局面没有维持多久，历史又对“花冈暴动”进行了第二次审判。

3．销毁证据　掩盖罪行

1945 年 8 月，发动侵略战争的日本当局面对即将战败的时局，深知战败后必然要受到国际法庭的无情审判，而要在审判中减轻罪行蒙混过关，当务之急就是销毁罪证、掩盖罪行。于是日本军政当局在日本战败前后，用各种方式下达密令和通知，大量清理文件，转移和销毁档案。

在日本本土，销毁侵略罪证，当然也是日本军政当局战败时所干的第一件重要事情。据日本《华鲜劳务对策委员会活动记录》记载：根据军需省命令，自 8 月 16 日起，该组织就开始烧毁关于战争中华人及朝鲜人的统计资料及训令和其他重要档案文件。他们命令各课课员迅速进行整理工作，除有关会计、经理方面的文书之外，即使是个人私有物也要一件不留地烧掉。于是，位于樱田国民学校内的战时建设团本部连续焚烧了三天罪证。

如果说日本在占领区内销毁罪证还显得匆忙，那么在日本国内则有着充足时间。日本天皇宣布投降是 8 月 15 日，直到 8 月 28 日，美军先头部队才到达日本，占领军总司令麦克阿瑟于 8 月 30 日到达。9 月 1 日，美国第八军才开始从横滨登陆，待联合国军进驻东京已是 9 月 8 日了。在这段时间内，日本政府完全可以从容地销毁他们认为于政府不利的所有文件及证据。在掩盖残害中国劳工的问题上，日本政府与企业除了销毁有关的文件、资料外，还采取了迫令直接参与管理、使用中国劳工的日本人逃跑、藏匿的办法。

掩盖奴役残害劳工罪证，又最先被盟军发现的企业，是参与镇压“花冈暴动”的鹿岛组。9 月 15 日，美军第八先遣队进驻秋田县，接着接管了中山寮。10 月 7 日，美军为了去解放尾去泽、小坂、花冈的欧美俘虏而进驻大馆市，劳卡顿一行 5 人乘吉普车来到花冈。听说美军抵达花冈，残害花冈劳工的鹿岛组感到极大的恐惧与不安。当时因为一直降雨，有一周时间没有焚烧残害致死的劳工尸体，所以劳工住地存有相当数量的尸体。为了不被美军看到，他们便把尸体转移到隔离病房里，急急赶制棺材。但是，全裸的尸体四肢僵硬，腿脚不能弯曲，装不到箱子里去，只能翘在箱子外面。美军法务将校发现后大怒，马上乘吉普车去大馆，并带来了摄像师，把现场的情形拍了照片，将发现中国劳工尸体的情况写成了报告，名为《中山（中国人）俘虏收容所调查》，文中记载：

> 在视察这个地区的过程中，我发现了放置无盖箱子的空房，从箱子里露出了死人的手脚。走近一看，里面放有 9 具尸体，尸体上落满了苍蝇。而病室里肮脏、黑暗、空气污浊。患者的衣服肮脏不整，有 2 人已经死亡，担任医疗的中国人说，他们刚刚死去。死亡者没有被埋葬，姓名不详，仅被放置于此。

此后，花冈町又在美军的指令下，挖掘了埋在附近钵卷山的尸体 400 余具。火化后也分不清是谁的骨灰，只能分别装在 400 余木箱内。鹿岛组雇人将这 400 余具遗骨搬进花冈町信正寺“寄存”起来。当时，信正寺的住持莺谷达法师向鹿岛组提出建立“纳骨堂”的要求，但鹿岛组雇的人只说“没有责任者”，便弃之不理了。

11 月中旬，经美军同意，中山寮 15 名劳工代表前往秋田县监狱，探望耿谆等 12 位中国同胞。11 月 20 日午后，中山寮 500 余名幸存劳工祭拜了骨灰灵堂，沉痛悼念殉难劳工。追悼会上，美国代表致辞道：“我将以最大的努力，为惨死的盟国难友复仇……对战争的罪人，我们是不容宽大的。”

美军在发现花冈受害的大量中国劳工尸体后，也开始进行调查，并将鹿岛组花冈出张所所长河野正敏，所员高久兼松、塚田龟夫、佐藤勇藏、伊势智德、福田金吾郎、清水正夫等 7 人逮捕，收容于秋田监狱。次年 3 月，转押至巢鸭拘留所关押日本战犯的地方，这也是日本虐待中国劳工的罪行被发现的一个原因。

日本企业除了销毁证据、隐匿证人，还进行了许多其他掩盖罪行的活动，这一点在日本建筑业界最为突出。10 月下旬，日本建筑业界便组织了外地劳务对策委员会；11 月 1 日，又成立了日本建设工业统治组合总会，理事长为竹中藤右卫门；11 月 12 日，在总会内设立了专门处理所谓华鲜劳务问题的华鲜劳务对策委员会。这个委员会的委员长是 10 月 5 日被解散的战时建设团团长加藤恭平，副委员长即虐杀中国劳工的鹿岛组副社长鹿岛新吉。此外的 8 名委员分别是间组、大成建设、飞岛组、西松组、熊谷组、铁道工业、地崎组、川口组的社长、副社长或专务董事等企业的主要负责人。

当这些人在听到花冈鹿岛组虐待中国劳工的基层人员被逮捕时，担心此事件扩大到其他作业场及其他企业主，给自己的企业造成影响，于是用重金聘请当时日本有名的律师平林慎一为其辩护。该委员会委员长加藤致信外务省管理局，并邀请了比较了解中国劳工情况的调查官平井庄一到神户与平林会晤。在得到这位律师的应允后，1946 年 6 月 15 日，华鲜劳务对策委员会委员长加藤恭平与日本建设编制组合总会理事长竹中藤右卫门作为保证人，有关的 14 个会社同平林慎一签订了《辩护报偿约定》的契约，用重金聘请律师为收容于鸭巢拘留所的 7 名鹿岛组职员进行辩护，并对辩护结果规定了各种回报条件，如在全部被判无罪，并不波及鹿岛组及有关委托人的情况下，给予 40 万日元等奖励。可见，鹿岛组及其他使用中国劳工的企业为了掩盖、推卸虐待中国劳工的罪行，不惜费尽心机，花费重金。

平林律师在重赏之下使用了所有手段，竭尽全力为鹿岛组及其他企业奔走活动。另外，平井庄一也利用其在外务省之便，去花冈矿山就中国劳工收容所设备、当时的状况等进行了详细调查，并走访秋田县检察院、秋田县厅，就事件内容进行研究，极力寻找为鹿岛组开脱罪责的“根据”，并将这些材料提供给平林。平林根据这些材料和呈报书，主张“中国劳工是契约劳务者，而不是被强制劳动”。后来鉴于事件重大，鹿岛组召开董事会，认为只靠平林一人还不能达到推脱罪责的目的，又聘请小野清一郎等5名律师，与平林等组成鹿岛组辩护团。

4. 外务省报告书

日本投降后，中国政府多次向日本驻中国使馆官员提出，要求通报中国战俘劳工在日本的情况。1945年9月5日，谷正之大使由南京发给重光外相的电报要求：“查清在日华工从业种类、从业地点、各地点的从业人数、近期的生活状况，并将结果速报。”楠本公使发回的电报则要求“送还时要附上按乘船人员编成的劳工名册（注明本人在中国的居住地）、工薪结算年月日、就劳情况调查书等材料，并要由负责送还人员亲自带来”。

9月20日，日本驻中国公使楠本再次发电报给日本外务省说：“蒋委员长已经向联合国军最高司令部提出委托，要求对被强掳到日本的中国战俘和其他被扣留人员的状况进行调查。”同时，日本政府也接到了联合国驻军总司令部的指示：“要将（劳工）各人的户口所在地以及以前所从事的职业（包括去日本之前的职业）等材料备齐，以便在他们登陆时能够立即向中国方面提交足够的必要资料。”

为应付中国政府和盟军司令部，日本外务省组织了针对掳日强制劳工的调查，具体工作由外务省管理局二部二科承办。它既要将滞留在外的日本人接回来，同时还要把在日本的中国人、朝鲜人送回去，也就是当时被称作“归还”和“送还”的工作。

到了10月中旬，国共内战的局面明朗化以后，日本方面敌视中国共产党的态度更加露骨，明显地转向国民党和美军一方。在这种形势下，对来自蒋介石——国民党方面的要求就唯命是从，老老实实地照办。

当时，掳日中国战俘劳工为得到应有的工资而开始与日本企业进行斗争，不少地方出现了劳工暴动，与使役的企业和当地警察发生冲突，所以日本对劳工调查工作的态度远不如尽快送劳工回国积极，政府、企业、警察首先把精力用在劳工送还上。

经过一番周折之后，从1945年10月开始，到12月底结束，中国劳工被分批送回了祖国。但在这时日本对中国劳工的情况仍没有进行调查，甚至连送回国的中国人花名册也没有做出。

1946年1月下旬，日本外务省确定调查方案，让各事业场尽快写出调查报告。2月，各事业场陆续把报告送到日本外务省，即《事业场报告书》。3月，外务省委托16名调查员分为4个组，分别对各事业场做现场调查，写成了《备忘录》。《备忘录》以《事业场报告书》为基础，按照实地调查，对各事业场报告的内容做了某些修改。最后，外务省以这两个材料为依据，写成了《外务省报告书》，完成时间是6月中下旬，而《外务省报告书》的封面上却记载是1946年3月1日。

这些材料只是以奴役中国人的日企一方的说法为依据，并在调查员们去企业进行调查时，有些企业及当地警察为避免泄露自己的罪行，合谋对付外务省派去的调查员，对调查员所提问题表面上应付，却不给予充分的合作。可以肯定，各事业场向外务省写的报告书是不真实的。因为调查之初，就已埋下了弄虚作假的种子。直接参与强掳中国人的内务省，早在 1945 年下半年就向使用中国人的各厅、府、县下达了指令，要求对劳工做一次全面调查，在下达的指令中曾有这样的要求："在调查华人劳务者的待遇问题时，要尽量多收集能证明按着合同公正、妥当地对待劳务者的资料，并把它保存好（例如：能显示人员健康的照片，国际捐款交款证明以及各种付款凭证等）。"政府公开下文让下属掩盖罪行，报善避恶，各企业何乐而不为呢？

既然《外务省报告书》等几份资料都是为了应付中国和联合国驻日军队、逃避战争罪责而写成的，因此材料中自我美化、颠倒是非、篡改历史的虚假记载就不足为怪。但就是这样的《外务省报告书》最终也没有交给中国政府，而是被日本政府下令销毁。其主要原因是，他们知道强掳中国劳工到日本并在使役时对其进行迫害是严重的犯罪行为，1945 年底，"花冈惨案"已被美军和华侨发现，并开始追究相关企业的责任。日本政府担心有更多的企业也会受到追究、惩罚或治罪，因而想尽量掩饰各企业罪行，不愿报告实情。另外，由于当时中国内战一触即发，以蒋介石为首的中国政府不再热心追查此项工作，且绝大部分中国劳工已于 1945 年底陆续回国，中国劳工未能形成一个整体向日本呼吁其要求。

1946年3月5日，英国首相丘吉尔在美国发表反苏反共的“铁幕”演说，导致东西方冷战和对立升级，美国希望日本企业界参与全球冷战。当时，联合国军总司令部向美国政府打了报告，提出如再继续追究战争犯罪，对日本的经济复苏将不利，而且对美国自身也没有什么好处，因此也没有再催促日本提供掳役中国劳工的“报告书”。

1946年5月3日，设在东京的远东国际军事法庭对日本战争犯罪分子的审判开始了，尽管“报告书”中多美化之辞，但强掳和使用中国劳工这件事本身就是战争犯罪，“报告书”就是一份罪行材料。总之，有罪的一方不愿把罪行材料交出，受害的一方由于种种原因没能执意追究，担任世界警察角色的美国又想偏袒和利用日本，因此日本外务省决定把此材料作为机密文件封存或销毁，并命令知情者不许外传。多年来，每逢日本外务省官员回答询问时，一直声称该“报告书”已不复存在。

1987年和1990年，日本明石书店公开出版了《强掳中国人》和《强掳中国人的记录》两部有关日本强掳中国战俘劳工的资料性书籍。这两部书收录了20世纪五六十年代在日本民间流传的《被强掳到日本的中国人花名册》《死亡者名册》和《中国人殉难者遗骨送还活动》3本文稿，并多次提到了日本政府在1946年组织写成的《外务省报告书》。这些资料的出版引起了中日学术界的极大兴趣，学者们迫切希望能见到《外务省报告书》的原稿。

直到20世纪90年代，《外务省报告书》最终才展现在世人面前，而将其公布于众的不是日本外务省，而是东京华侨总会。据东京华侨总会名誉会长、当年担任东京华侨总会副会长的陈焜旺老先生讲，当时负责销毁这些资料的人认为这些资料很有历史价值，不忍心把它们全部烧掉。东京华侨总会知道这一消息后，通过一些关系把这些资料的一个副本偷偷运出保存起来。为了防止火灾，他们把这些资料分别放在几个地方保存，直到准备公布前才集中在一起。

1985 年，为纪念抗日战争胜利 40 周年，中国各地展开了收集日本侵华罪行的资料调查，日本民间团体和旅日华侨也开始了这一调查，虐待战俘和强制劳工成了调查的一个重要方面。曾经领导“花冈暴动”的耿谆先生于 1987 年访日，使日本出现了新的“花冈事件运动”。1992 年 8 月 14 日，日本最大的广播电视台 NHK 利用国民收视的黄金时段，播放了对中国劳工的调查活动。同年 10 月，日本明仁天皇访华，使日中关系翻开了新的一页。同时，在中国和东南亚各国，清算日本战争罪行、解决战后遗留问题的呼声日益高涨。就在这一背景下，东京华侨总会在 1993 年 5 月 17 日，通过 NHK 向社会公布了他们珍藏了 47 年之久的《事业场报告书》《备忘录》和《外务省报告书》。

与此同时，当年 16 位调查员之一的大友福夫（专修大学名誉教授，原东亚研究所研究员）先生也把家中珍藏的一部分当年的调查笔记公之于世。这才使消失多年的虚幻的《外务省报告书》再现于世人面前。这些有民族感的爱国华侨、有正义感的日本学者保存的不仅仅是《外务省报告书》

等历史档案，而是日本军国主义侵华的历史罪证和历史事实。

在此前后，日本学者也发现，这一套文件资料在日本战败后，由占领日本的联合国总司令部接管，保存在美国华盛顿哥伦比亚特别行政区国立公文图书馆的本馆。日本学者垂水、堀田昌树、堀田三纪子、松泽哲成等到美国查出了这套文件。该文件已被微缩成胶卷，胶卷缩号为1722，全套文件被冠以下列名称：《对日本战犯实行审判的有关法规、关于虐待和杀害中国劳动者的记录以及主要日本战犯的背景关系调查》。全套文件共17卷，主要内容涉及日本强掳中国劳工的事情，也有几份是涉及A级战犯的文件。由该微缩胶卷拷贝成的复制件存于日本国会图书馆的宪政资料室，也于1993年夏向社会公开。

《外务省报告书》原书稿被发现后，日本一桥大学的田中宏教授异常兴奋，与松泽哲成教授一起经过一年的时间将其重新整理，于1995年1月由日本现代书馆公开出版发行。由于《事业场报告书》数据庞大，因此这次整理出版的主要包括《备忘录》和《外务省报告书》两部分，书名为《强掳中国人资料——〈外务省报告书〉全五册及其他》。这是目前中日两国学者调查和研究日本强掳中国战俘劳工问题可参考的重要的档案资料。

《外务省报告书》记载了日本强掳中国劳工的事实，但也有许多虚假的成分。特别是近年来中日学者对数千名幸存者的调查，完全证实了这一点。中国劳工本来是在日军的枪刺下被强行绑架去日本服苦役的，而《外务省报告书》却写成他们是自愿的“合同工”；劳工们在野外住的是木板房，冬天无任何取暖设备，《外务省报告书》却写成“住宅通风良好”；劳工们在冰雪天里赤着脚，穿着破烂单衣，身上捆着纸片子在露天工地做工，而《外务省报告书》中却只字未提；不少中国劳工是被日方打死的，而“死亡报告书”却被写为“工伤”或“肋膜炎”；因过于劳累、严重营养不良而死亡者，死亡原因却写着“脚气”“急性肺炎”；等等。《外务省报告书》就是根据这些虚假的《事业场报告书》制作而成的。

值得一提的是，日本华侨已将其保存的《外务省报告书》日文原件，赠送给卢沟桥中国人民抗日战争纪念馆。2014 年 9 月 18 日，已由国家图书馆出版社出版了影印本。

总之，《外务省报告书》等资料尽管充斥着大量的谎言，但却是重要的原始资料。它不仅在一定程度上记录了日本在战时掳役中国战俘劳工的罪恶事实，也揭露了日本政府和企业在战后掩盖迫害中国劳工所犯罪行的无耻行径，为中国战俘劳工受害者及其家属解决这一战争遗留问题提供了有力证据。

5. 横滨法庭的正义判决

1945 年 9 月 15 日，也就是“花冈暴动”第一次审判后第 3 天，美军第八先遣队进驻秋田县，接管了中山寮和美军俘虏营东亚寮。美军代表了解到花冈劳工的悲惨遭遇，也知道了“花冈暴动”的相关审判。驻日盟军帮助强掳到日本的4万中国战俘劳工改善了生活，医治了疾病，并在11月陆续将其送回中国。同时把耿谆等被日本法庭判刑的受害者留下，准备让其参加横滨BC级军事法庭审判，为鹿岛组花冈出张所虐待中国战俘劳工的罪行出庭作证。

1946年4月15日，中国政府驻日代表团到秋田县迎接耿谆等关在狱中的15人，同中山寮推选出到法庭作证的翟树堂等11人会合，由美军护送从秋田到东京，等候为国际法庭作证。和他们一块儿同乘这列火车前往东京的还有在押的7名日本“战犯”，即在花冈虐待和镇压战俘劳工的清水正夫、福田金五郎、伊势智德、河野正敏、紫田三郎、三浦太一郎、后藤健藏。

耿谆等人先进驻东京中野刑务所，后搬到中国国民党驻日本代表团远东国际法庭中国科，有些证人担任了中国驻日代表团的警卫，参与了BC级战犯的审判工作。

他们向法庭和媒体介绍了中国战俘劳工在花冈所受的虐待和“花冈暴动”的壮举，使日本监工的罪行和“花冈暴动”的真相大白于天下。

1946年7月28日，在进驻日本的美国第八军司令官召集的军事法庭会议上，由美利坚合众国对鹿岛组花冈事务所所长河野正敏等人提出起诉。留在东京的花冈受害者证人用大量的事实和证据，向国际法庭揭露了河野等人的罪行。

1947年11月26日，远东国际军事法庭BC级法庭在横滨开始审理河野等罪犯。1948年3月1日，法庭对花冈事件的日本战犯进行宣判：

清水正夫，前中山寮辅导员，绞首刑。

福田金五郎，前中山寮辅导员，绞首刑。

伊势智德，前中山寮代理寮长，绞首刑。

河野正敏，前鹿岛组花冈出张所所长，无期徒刑。

紫田三郎，前鹿岛组花冈出张所庶务课长，无罪释放。

三浦太一郎，前大馆市警察署长，二十年有期徒刑。

后藤健藏，前花冈警察署特高课巡查部长，二十年有期徒刑。

正义终于得到了伸张，残杀中国战俘劳工的日本法西斯在横滨受到了历史的审判。遗憾的是，法庭判决时，耿谆并不在现场。因为作战时多处负伤，又在日本的监狱里遭受酷刑，他落下了严重的后遗症——头疼欲裂，舌根发硬，因不能正常生活而归国治病。

但是，由于美国对日政策的转变，日本右翼重掌日本的军政大权，这次审判并没有得到彻底执行。当庭所判之刑此后全都予以减刑。BC 级法庭判决的战犯中，该绞首的没绞首，判了刑的没执行，多数人提前被释放。

这就是“花冈暴动”的第二次审判，虽然正义战胜了邪恶，但并未完全兑现其应得的下场。而这次审判仅追究了几个罪犯的责任，对日本政府和相关企业的责任并没有予以追究。对受害战俘劳工及其家庭也没有进行民间受害赔偿。于是，在第二次世界大战结束 40 多年后，世界各国把民间索赔提上议事日程，在各地战争受害者提出民间受害赔偿时，

“花冈暴动”的受害者也把对日索赔提上了议事日程。

在各国战俘劳工的对日索赔中，花冈受害者又创造了几个第一：战后第一个成立了受害者联谊会，第一个同日本企业进行交涉，第一个把日本企业再次告上法庭。

十、战后民间对日索赔第一案

1. 花冈劳工的遗骨发掘

日本战败后，幸存的中国劳工虽然大部分被送归国，但死者的遗骨有很多还留在日本。这其中有埋于地下和散弃在荒野中者，也有存放于日本寺庙中者。当时，日本政府对此不闻不问，似乎此事完全与政府无关。而日本民间团体则在遗骨发掘送还问题上做了大量的工作，并在这一活动中同日本政府进行了不懈的斗争，从而促进了中日民间友好关系的发展。

最初发现中国劳工遗骨的是居住在花冈町的朝鲜人金一秀，他也是当年花冈矿山的劳动者。1949 年 8 月，他发现埋在山坡上而散露着的中山寮的中国劳工遗骨，即通知了东京华侨总会。华侨总会得知此消息后，马上制订了调查计划，并在 11 月末 12 月初由华侨总会中的民主团体留日华侨民主促进会着手进行。在调查中他们发现，在花冈遗留着很多曾由美军指令挖掘时发现的散乱的遗骨和存放在信正寺中的遗骨。

1950 年 1 月 15 日，留日华侨民主促进会的机关报《华

图 16　朝鲜人金一秀（左一）与调查中国劳工遗骨的华侨程贵（左二）、陈峰龙（右一）等在中山寮挖掘中国劳工遗骨（何天义研究室征集图片）

侨民报》发表了这一调查结果。数日后，日本共产党机关报《赤旗》也登载了这一情况。同年 9 月，华侨总会的人员与日本枣寺的菅原惠庆、日中友好协会的人员进入挖掘现场。用了近一个月的时间，收集了大量的死者腮骨、四肢骨、肋骨和下颚骨等，在当地火化之后，收装于八九只木箱中，于 10 月末将其全部带回东京。

日本民间团体与和平民主人士在调查和挖掘花冈劳工遗骨的同时，还举行了各种纪念活动。最初举行的纪念活动是 1950 年 11 月 1 日由华侨主持在浅草的本愿寺举行的第一次慰灵祭（追悼会）。祭坛两侧的柱子上挂着挽联：壮志犹未酬花冈捐躯千古恨，血债几时偿酋都公祭万人悲。参加慰灵祭的除了华侨之外，还有许多日本、朝鲜的民主人士。但是日本警察厅派出大量武装警察隐藏于本愿寺地下室与附近的小学校内，对会场进行严密监视。国民党驻日代表团还不允许日本共产党、日中友好协会、留日华侨民主促进会致悼词。当花冈事件的幸存者刘知渠讲述他的受难经过和向日本友好人士表示感谢时，位于扩音机旁的国民党驻日代表团竟然中止他的讲话，还说“已经没必要说了，过去的事就全过去吧”。

1951 年 12 月 1 日，在浅草东本愿寺进行了第二次花冈殉难慰灵祭，此次是由日本工会总评议会、日本推进和平民主会议、中国人俘虏牺牲善后委员会和日本佛教赞仰会 4 个团体共同主持的。

1951 年 7 月，以金一秀作为遗属代理和施主，在花冈事件的发生地首次由当地居民举行了慰灵祭。其间，举办方分别到各家各户进行访问，募集到约 4 万元的捐款。从 1952 年起，每年 7 月 1 日的慰灵祭和募捐活动成了当年的例行活动。

以 1950 年 1 月留日华侨民主促进会在《华侨民报》发表的《花冈矿山调查事件记事》和日本共产党机关报《赤旗》发表的《未能归去的中国俘虏因强制劳动逃走而被虐杀的 416 人》为起点，日本民间和华侨团体相继开始了对中国劳工问题的调查活动。一是重新提出追究日本战争犯罪和责任问题；二是收集中国劳工遗骨，将其送还给中国的人道方面的问题。花冈问题的报道立即在日本全国引起震动。紧接着，木曾谷问题被揭露，秋田县、新潟港、神奈川、京都大江山、北海道等地也被曝光有虐待中国人俘虏的事件。

日本共产党在要求调查日本虐待中国俘虏的问题上采取了积极、鲜明的态度。1950 年 4 月 3 日，在日本众议院外务委员会上，日本共产党听涛克已委员便追问了木曾谷事件的相关问题。4 月 26 日，日本共产党员梨木作次郎、横田甚太郎以日本共产党的名义向国会特别考察委员长提出《公开调查要求书》。

日本政府在日本共产党与日本人民的双重压力下，表示等雪化以后会进行调查，但其后并未有任何行动。6 月 25 日朝鲜战争爆发，美国占领军与日本政府对日本国内民主进步势力进行了残酷镇压，放逐了调查追究中国劳工事件的 41 名日本共产党干部，解散了充当调查主体的日本全国工会联络协议会，许多工会干部或被放逐或被逮捕，日本共产党的机关报《赤旗》被无限期停刊，《华侨民报》也被停刊。在这种严峻的形势下，一部分正义的日本人民并未屈服于美国占领军及日本政府的高压政策，在各地自发成立了中国俘虏殉难者慰灵实行委员会，积极开展调查与遗骨送还活动。

2. 战俘劳工的遗骨送还

1953 年 3 月，慰灵实行委员会发行了《花冈事件等中国人俘虏殉难事件概要》，对日本强掳中国劳工的事件进行了广泛宣传，得到了日本民间团体的有力支持。该委员会成立后不到 10 个月，全国各地就有 36 个团体加盟其中。此外，还在其他各处成立了 9 个地方慰灵实行委员会。参加慰灵实行委员会的有团体与个人，来自日本各个阶层。地方慰灵实行委员会的独立调查与中央慰灵实行委员会的指示相结合，按照已有资料，在全国范围内掀起了一场广泛调查中国劳工问题的活动。

这时，中华人民共和国刚刚成立不久，美国就发动了侵略朝鲜的战争，日本政府追随美国采取了敌视新中国的政策，台湾国民党当局叫嚷要“反攻大陆”。在这种形势下，遗骨送还运动处于十分艰难的境地。不同于他国的狭隘思想，中国政府在此前后已向世界各国展示了宽阔的胸怀，不仅在新中国成立前夕的第一次政协会议《共同纲领》中，申明了愿意同各国政府恢复和发展通商贸易及友好关系的态度，而且还于1952年12月1日通过新华社发表了对战争中留在中国的日本人的态度，表示愿意援助他们尽早归国。

1953年1月，日本红十字会、日中友好协会、日本和平联络会（“归国三团体”）应中国红十字会邀请，到中国协商日本居留民归国问题。3月5日，中国红十字会与日本归国三团体发表了《关于商洽协助日侨回国问题的公报》，就来船手续和12项具体问题达成了一致意见。在中国政府的强力感召下，日本民间于1953年2月组成了中国人俘虏殉难者慰灵实行委员会（后来也叫中央慰灵实行委员会）。这个委员会的发起者有日本红十字会、日本和平联络会、日中友好协会、日本工会总评议会、日本佛教联合会、日本宗教联盟、日中贸易促进会、在华同胞归国协议会、日本推进和平国民会议、日本国民救援会、海外战殁者慰灵委员会、枣寺共12个日本团体和东京华侨总会、中国留日同学总会2个中国人团体。委员长为大谷莹润，秘书长与副秘书长分别为菅原惠庆和赤津益造。

3月12日，该委员会向日本众参两院提出了《遗骨送还决案》的希望书，要求外务省给予协助。同时，该委员会还向秋田县知事和花冈町町长提出协助收纳秋田县的中国劳工遗骨的请求。在得到两者的协助后，除一部分身份不明者外，共收集了鹿岛组花冈、同和花冈、同和小坂、三菱尾去泽等处的550份劳工遗骨，然后转移到东京，并于4月1日，在浅草东本愿寺由中央慰灵实行委员会委员长大谷莹润主持举行了追悼会。当日，中国人民保卫世界和平委员会、中华全国总工会、中华全国民主妇女联合会等8个人民团体和中国红十字会、中国人民救济总会通过日本红十字会、日本和平联络会日中友好协会联络事务局给追悼大会发了电文："对爱好和平的日本人民为寻找中国烈士的遗骨所表现的友谊和人道主义精神，表示感谢。"

在此前的3月，中国政府第一次送还了在中国的日本侨民4 939人，4月第二次送回4 904人，5月第三次送回4 709人。但是，日本政府并未因此改变压制日本民间团体送还中国劳工遗骨的政策，并拒绝了中国人俘虏殉难者慰灵实行委员会提出的利用第三次日侨回国船只实现6月送还中国劳工遗骨的请求。此后，慰灵实行委员会又多次与日本政府进行交涉，直到7月2日，才以红十字会船的形式，载着560具中国劳工遗骨及名簿和中国人殉难者遗骨护送团18人（其中日本人 10 名、朝鲜人 1 名、华侨 7 名）由神户港启航。这只船属于日本东海汽船会社，吨位只有 480 吨，遗骨护送团冒着很大的风险，经过 5 天的海上航行，于 7 月 7 日到达塘沽新港码头。

图 17　中国劳工遗骨的送返工作，自 1953 年 7 月起到 1958 年 4 月，先后分 8 次进行，共计送返遗骨 2 745 具；后又于 1964 年 11 月第九次（最后一次）送还 15 盒，安放在天津市烈士陵园。图为在中国港口接送劳工遗骨的情形（何天义研究室征集图片）

到码头迎接遗骨的有中国红十字会顾问廖承志、中国红十字会天津分会及天津市各人民团体的负责人和代表，还有塘沽区的工人、学生、市民等400多人。7月8日，在天津人民大戏院隆重举行了“牺牲在日本的抗日烈士追悼大会”，参加大会的有各界代表2 000人。廖承志在大会上致辞。之后，中国人殉难者遗骨护送团在天津市人民政府干部俱乐部与遗属及生还者举行了座谈会。该护送团到北京之后，受到了中国红十字会会长李德全和中国佛教协会副会长赵朴初的接见。在7月14日完成了第一次遗骨送还任务之后，该护送团回到日本门司港。

第一次遗骨送还尽管经历了重重障碍与困难，但在华侨总会和日本民间团体的努力下终于实现，为以后的遗骨送还开辟了道路，同时也给恢复和发展中日间的和平友谊带来了很大影响。8月26日，以菅原惠庆为护送团长、包括华侨总会的吴修竹和在日幸存劳工刘智渠等一行18人，护送615具遗骨，由日本红十字会船“兴安丸”所载，从舞鹤港出发，进行了第二次遗骨送还。完成任务后，该护送团于9月9日返回东京。

此后至1958年4月，又进行了6次遗骨送还。从第一次至第八次，总计共送还了2 849具中国劳工遗骨，这其中有104具是重复统计的，所以实际送还的是2 745名死亡者遗骨。在每次收纳中国劳工遗骨准备送还之前，日本都要举行慰灵祭，往往规模很大。1954年1月，在送还东京港死亡的中国劳工遗骨之前，由东京都议会议长佐佐木恒司作为祭主，都议会自由党干事长安藤章一郎为秘书长，组织了东京都中国人俘虏殉难者慰灵实行委员会，作为慰灵祭的发起者，参加者约有1 000人（包括团体）。

值得一提的是，1956 年8 月第六次遗骨送还前后发生在中日两国间的一些事情。同年6 月至7 月，中华人民共和国最高人民法院特别法庭判处了罪大恶极的45 名日本战犯，但同时在6 月至8 月，中华人民共和国最高人民检察院对1 017名日本战犯免予起诉，这一宽大举措使日本战犯本人和家属以及日本人民感动万分。在这一前提下，同年8 月28 日，日本归国三团体与中国红十字会在天津发表了联合声明，中国红十字会表示将一如既往地援助在华日本人及遗骨的归国，日本归国三团体表示继续进行殉难中国人遗骨送还等活动。在日本还专门成立了第六次遗骨送还准备委员会，特别是刚刚从中国释放的原日本战犯，由于他们直接参加了在中国境内的“抓劳工”活动，对中国人民犯下了罪行，但在中国改造期间，却受到了相当的优待，很多人从内心反省了对中国人民犯下的罪行，决心在后半生献身中日友好活动，以其实践来进行赎罪。8 月，他们成立了从中国归还者联络会准备会，开始积极协助中国人殉难者慰灵实行委员会的事业。从8 月至12 月，进行了全国性的募捐活动，有391 人建立了自己的募捐台账，募集了10 507人的署名，支持遗骨送还运动和中日友好事业，并将募集到的289 803日元交给了慰灵实行委员会。第六次遗骨送还之后，存放在天津抗日烈士纪念馆的中国劳工遗骨已达2 000余具。遗骨护送团全体团员参拜了天津抗日烈士纪念馆，并向殉难的中国劳工敬献了花环，进行了祭祀活动。

图 18　设在天津烈士陵园的中国殉难劳工骨灰堂（何天义研究室征集图片）

从 1958 年 4 月第八次遗骨送还之后，又经过 6 年，1964 年 11 月 19 日，中国人殉难者慰灵实行委员会进行了第九次遗骨送还。与前八次不同的是，遗骨护送代表团不是乘船，而是乘飞机到达北京的。代表团以慰灵实行委员会副委员长黑田寿男为团长，一行共 16 人，护送了 15 盒烈士遗骨，还带来了抗日战争时期被日本军国主义劫往日本的 4 万名中国劳工名册，并在首都机场举行了烈士遗骨交接仪式。中国红十字会副会长、中国佛教协会副会长赵朴初在仪式上讲话，对日本“中国殉难烈士慰灵实行委员会” 10 年来克服种种障碍，把搜集到的2 700多具中国烈士遗骨送还中国人民表示了感谢。11 月21 日，首都各界群众在政协礼堂举行集会，欢迎以黑田为首的日本代表团。中国红十字会会长李德全和黑田先后在大会上发表讲话。11 月24 日与25 日，郭沫若与周恩来分别接见了日本代表团，同他们进行了亲切友好的交谈。

3. 花冈劳工的索赔交涉

战后，由于种种原因，中国国内花冈惨案的受害者彼此之间失去了联络，又与日本信息不通，花冈事件不再被人提起。然而在日本，由于爱国华侨、有识之士和日本爱好和平人士的不懈努力，花冈事件纪念活动一年也没有停止过。从 1952 年开始，大馆市将“花冈暴动”的 6 月30 日定为“和平纪念日”，坚持每年为死难中国劳工举行“慰灵仪式”和不同形式的纪念活动。

20 世纪 80 年代出现的日本修改教科书事件、参拜靖国神社事件，引起了日本一些有识之士和友好人士对历史的反思。1985 年 7 月，花冈暴动所在地大馆市纪念花冈暴动的消息在中国《参考消息》上登载后，“花冈暴动”的主要领导人耿谆便同旅居日本的难友刘智渠联系上了。这件事在日本引起了人们的关注，随着耿谆到日本访问，旅日华侨和一批民间人士首先把强制劳工问题作为思考的问题，并于 1988 年 7 月成立了中国人强制连行思考会（简称“思考会”），事务局设在东京，会长为田中宏教授，秘书长为福田昭典，主要成员有律师新美隆、内田雅敏，旅日华侨林伯耀、林伯辉等，还有一些企业厂长、职员、教师、工人、作家和摄影工作者等。该会完全是民间团体，经费靠会员自愿交纳会费和募捐取得，其成员来自日本各地，但没有下设的分会。

与思考会共同开展这一活动的还有两个民间团体，一个是旅日华侨中日交流促进会（简称“促进会”），一个是悼念亚太地区侵略战争殉难者刻骨铭心会（简称“铭心会”）。促进会会长林同春、秘书长林伯耀从新中国成立之初，一直从事中日友好交流活动，是中国共产党和中国政府的老朋友。从 20 世纪 80 年代起，该会开始积极参与花冈事件的调查及各项活动。铭心会于 1985 年在大阪成立，事务局设在大阪，会长大岛孝一（东京基督教会负责人），秘书长上杉聪（大阪大学教授），中国部部长松冈环（女，小学教师，“南京惨案”调查团团长）。铭心会成立时，在日本从南到北的 15 个县设有分会，全国共有会员4 000余名。此后，在每年日本投降日前后，各分会都会举行活动，揭露日本军国主义的罪行，有时还邀请中、韩等国的战俘劳工或其他战争受害者到会控诉，并请原日本老兵讲述参加侵略战争的亲身经历。从1986年开始，每年都组团到中国、韩国、马来西亚等国实地考察学习。铭心会在中国调查的重点最早确定的是“南京大屠杀”，以后扩展到强制劳工和用毒气杀害平民问题，并将调查的结果写进中、小学历史课本，积极举办有关史实展览等活动。

从1987年开始，以上三团体开始了对日本强制劳工问题的调查，以田中宏为首的一批专家学者往返于中日美三国之间，查档案寻资料，编辑出版了《资料中国人强制连行》《资料中国人强制连行的记录》《中国人强制连行资料——“外务省报告书”》（全五分册）等一批揭露日本强掳中国劳工的书刊。

为了搞清花冈事件的真相，并将其大白于天下，促进会的林伯耀秘书长于20世纪80年代中期，即着手花冈事件的资料收集和幸存劳工的调查工作。1988年8月，他首次在河南开封与耿谆、王敏等幸存者进行会面。而后又以花冈事件为突破口，提供经费保证，支持河北大学的刘宝臣教授带领数十名大学生，利用假期时间寻找走访战俘劳工幸存者及其遗属。

1989年12月20日，思考会在北京饭店与联谊会会长耿谆、副会长李介生、干事王敏与张肇国4人见面。12月21日，正在北京访问的日本参议院议员田英夫会见了4位老人。12月22日，耿谆等4人以“花冈受难者联谊会筹委会”的名义，自北京发出致鹿岛建设公司的公开信，并向日本鹿岛建设公司寄去了公开信，提出公开谢罪、建立纪念馆、赔偿三项要求，从而拉开了战后中国民间对日索赔的序幕。

1990 年 6 月，耿谆、李介生、王敏、张肇国、赵满山和遗属李香莲一行 6 人访日祭灵，于 7 月 5 日赴鹿岛建设公司本部，就花冈受难者联谊会致鹿岛公司的公开信的三项要求，与公司副社长村上光春进行当面交涉，并发表共同声明。在声明中，鹿岛公司承认对“花冈惨案”负有责任，并表示“谢罪之意”，对有关补偿等事宜，因“现在还没有达成一致的意见”，决定留待今后继续协商。日本律师新美隆和内田雅敏、教授田中宏和内海爱子、华侨林伯耀再次接受耿谆等幸存者的委托，作为 986 名花冈劳工的代理人，与鹿岛公司继续交涉。

1990 年 11 月，已寻找到的 40 名花冈劳工幸存者及已故者遗属代表齐集北京，与思考会成员见面，并成立了“花冈受难者联谊筹备会”。这次会面重申了“公开信”的内容，此后思考会与联谊会（筹）建立了信任关系，思考会等三会在日本开展了新的花冈事件运动。从 1990 年开始，思考会每年出资邀请花冈事件幸存者及遗属赴日本，参加在原花冈町（今大馆市）举行的悼念惨死在花冈町的中国战俘劳工的追悼会，还多次在中国开展交流活动。思考会还负责安排花冈事件的幸存者与鹿岛建设公司进行了多次交涉，帮助花冈受害者在日本东京起诉鹿岛建设公司，并自愿组成律师团，义务担任花冈中国劳工的委托律师。

1992 年 7 月 3 日，花冈受难幸存者李克金、柳寿欣和遗属孙力赴日祭灵期间，再次就“公开信”的三项要求与鹿岛公司村上光春等进行谈判交涉，村上却以种种理由敷衍搪塞，而不愿承担责任。这样一拖就是6年，索赔交涉无任何进展。

为使世界各国了解中国也存在第二次世界大战中被日本迫害的劳工问题，由促进会出资，林伯耀安排，河北大学原国际部部长郭献庭副教授带领花冈劳工幸存者赵满山，于1994年4月亲赴日内瓦，参加了联合国人权委员会组织的“世界现代奴隶人身权利研讨会”，使中国劳工研究者和劳工幸存者能在世界组织中揭露日本强掳中国劳工的罪行。

1994年10月25日，耿谆、王敏一行再度赴日本鹿岛公司本部，与鹿岛建设公司副社长河相全次郎及其属下共7人进行谈判。此间，耿谆再次谴责鹿岛公司迫害中国劳工并指出其应对“花冈惨案”负责。而鹿岛公司又以中国放弃战争赔偿为由，表示不接受赔偿要求。谈判又一次无果而终。

二十几年来，日本民间“三会”每年都举行会议，发表纪念文章。他们承担了对花冈事件中国受害者的调查、集会、赴日交流的活动费用。1991年出资请北京电影制片厂拍摄了反映“花冈暴动”的三集电视剧《幸存者》；1992年和1993年资助出版了《花冈事件记闻》和《花冈暴动》；1993年6月30日，“花冈暴动”48周年纪念日时，又提供布置费用和有关资料，在卢沟桥中国抗日战争纪念馆举办了反映“花冈暴动”的“花冈悲歌”展览。1994年，日方“三会”又同石家庄市党史研究会达成学术交流协议，并资助经费，于抗战胜利50周年出版了一套四卷本的《日军枪刺下的中国劳工》，并在石家庄举行了“日军侵华暴行国际学术研讨会”。

1995年，促进会的旅日华侨还捐资数百万元，在卢沟桥抗日战争纪念馆建立了一座中国人民抗日战争胜利50周年纪念碑，在天津烈士陵园为掳日劳工建立了一座表现劳工抗争的石雕和一面黑色大理石纪念墙，把惨死在日本的6 800多名掳日劳工的名字镌刻在纪念墙上，使日本残害中国战俘劳工的历史事实永载史册。

在思考会的影响下，日本各地成立了各种民间团体，开展了劳工调查活动。在大馆市，谷地田恒夫、木越阳子等人组织的“花冈事件记录会”不仅在当地进行调查，还多次前往中国进行调查，在新花冈运动中承担了大量工作，除每年一次的纪念活动外，还进行了花冈暴动纪念馆的筹建工作。在广岛，成立了“原子弹爆炸的中国劳工交流促进会”，协助“安野中国劳工和原子弹受害者联谊会（筹）”与西松建设公司进行交涉，后来又成立了“中国劳工·西松建设裁判支援会”，帮助中国劳工在广岛地方法院进行诉讼。在大阪，成立了大阪“强掳中国人真相挖掘会”（简称“挖掘会”），对被强掳到大阪的中国劳工进行调查。在京都，“京都府部落解放同盟”和“铭心会京都分会”两团体成员数次到中国调查在“京都大江山矿”被奴役过的中国劳工，并邀请幸存劳工代表到京都发表证言，同施害的矿山企业进行交涉谈判，帮助京都劳工进行诉讼。在吹田市，组成了“日本侵略历史调查访华团”，从1985年开始，每两年到中国进行一次调查，最初的动机是查寻日本残留孤儿家属，后期涉及日本侵华罪行的各个方面，特别是日本在伪满和华北地区强掳劳工的罪行。

在声援中国掳日劳工、开展调查诉讼纪念活动的队伍中，还有一些强大的团体，这就是分散在日本各地的日中友好协会、日本共产党从中央到地方的各级支部、中国归还者联络会以及民间自发组织的友好团体和关注此事的日本媒体。据笔者所知，在日本的东京、大阪、京都、北海道、长野、枥木、茨城、大馆、广岛、群马、新潟、七尾、福冈、长崎、宫崎、酒田、爱媛、富山、都城等地，先后都成立了民间团体，对掳日中国劳工给予了调查和声援。

自日本战败以后，凡是在战前有中国劳工的地方，日本民间几乎都为殉难的中国劳工举行过祭祀活动。战后在日本很多地方，都建有中国人殉难者纪念碑、慰灵塔、供养柱等纪念物。除了举行慰灵祭外，有的民间团体还组织演出了有关劳工的文艺节目，如1986年7月，日本学者石飞仁组织的“不死鸟”剧团，以花冈事件为题材编成话剧《怒吼吧！花冈》，不仅在日本各地演出，并应台湾《人间》杂志和“中华杂志社”的邀请，在台北、台中等地举行公演，赢得了众多观众。

除旅日华侨对掳日劳工的调查支持外，旅居美国、加拿大等国的华侨对第二次世界大战期间的掳日劳工问题也很关注。他们在海外成立了各种团体，开展日本侵华研究，为追究日本的战争责任做了大量工作。

1990年，吴天威、胡华玲、朱永德等旅美华人成立了日本侵华研究会，并创办了《日本侵华研究》，发表了不少关于强制劳工的文章。后来又成立了日本侵华浩劫纪念馆筹委会，在美国建立了永久性的日本侵华浩劫纪念馆。2001 年 4 月，在美国旧金山举办了“日本侵华奴工展”，并于 2001 年 12 月在美国华盛顿召开了以日本侵华奴工问题等为主题的第七届中日关系研讨会。

1995 年 4 月，美洲华人对日索赔专刊编委会继《联合日报》举办“对日索赔”专刊 5 年后，由华夏研究所创办《华夏之声》——美洲华人对日索赔专刊，专刊由方志远担任主编，刘仁塘担任发行，以“弘扬中华文化，维护民族尊严，要求日本政府道歉、赔偿”为宗旨，重点发表对日索赔的相关动态和文章。该刊主编方志远教授曾多次回国进行调查，发表花冈诉讼的相关报道，并对中国掳日劳工联谊会的建立和工作给予了很多支持。

1992 年 5 月，旅居旧金山的海外华人张培、吕建琳、丁元等在湾区成立了“抗日战争史实维护会”，并于 1994 年 4 月创办了《抗战史实通讯》。1994 年，他们又在“全球华人纪念南京大屠杀 57 周年大会及研讨会”上把这一组织扩大，成立了一个全球性的组织——世界抗日战争史实维护会，并于 2004 年确定了新宗旨：维护日本侵华罪行历史真相，支持相关的研究及教育工作，联合全球华人要求日本政府正式道歉、赔偿、建馆、立碑。世界抗日战争史实维护会自成立以来，对中国掳日劳工的调查诉讼给予了很多支持，如帮助中国劳工在美国起诉日本三井三菱公司，请劳工幸存者到美国进行听证，支持花冈受害者新联谊会的筹办，继续追究日本政府和鹿岛公司奴役劳工的罪责，等等。

除以上团体外，还有两个团体对第二次世界大战期间的劳工问题非常关注，这就是旅美华侨组织的中国近代口述史学会和纪念南京大屠杀受难同胞联合会。这两个团体都成立于20世纪90年代，都在抗战研究和揭露日军侵华罪行方面做了大量工作。2001年12月在华盛顿召开第七届中日关系学术研讨会时，当他们听说国内的掳日劳工幸存者越来越少，急需对第二次世界大战期间劳工口述史料进行抢救，表现出极大的热情；听说国内日本侵华战争遗留问题民间研究网何天义研究室正在做这一工作时，便先后商谈达成合作协议，资助经费，组织大学生利用寒暑假进行口述史料抢救，从2001年到2005年，对400多位劳工幸存者做了访谈录相，刻了光盘，整理了访谈史料，并从何天义研究室10年来走访征集的1 000位“二战”劳工史料中选出500人，编辑出版了五卷本《二战掳日中国劳工口述史》。

进入21世纪后，中国第二次世界大战期间的劳工对日索赔事件风起云涌，不少研究机关和日本民间团体联手调查掳日劳工问题，并编辑出版了一批研究专著。同时，中国国内众多媒体也对劳工诉讼给予了支持。在新旧世纪交替时，全国20多家媒体开展电话热线、网络连线、寻亲热线等，在媒体上公布了掳日劳工名单，开始了“急寻在日劳工知情人”媒体联动。特别是中央电视台和有关省市电视台以及人民网、新华网等网站，对中国劳工在日本的重要诉讼判决都及时给予报道，给劳工受害者对日诉讼以极大支持和声援。

2001 年 6 月，被掳往日本的“二战”劳工代表在石家庄成立了“中国被掳往日本劳工联谊会筹委会”。中共辽宁省委党校的李秉刚教授筹建的“中国二战劳工网”、张一波教授创办的“九一八战争网”、上海吴祖康先生创办的“中国九一八爱国网”、中国被掳往日本劳工联谊会筹委会建立的“二战掳日劳工网”，开设劳工专栏、专页，使劳工诉讼有了交流宣传的阵地，把劳工调查诉讼的宣传报道经常化。为支援中国受害者，中华全国律师协会成立了民间对日索赔指导小组，中国抗战史学会、中国人权发展基金会、中日友好协会、中国人民抗日战争纪念馆等团体和部门及一些大学研究机构也先后介入中国民间对日索赔，举办研讨会、交流会、报告会、记者会，促进日本侵华战争遗留问题的妥善解决。

4. 花冈诉讼在东京

战后各国在解决第二次世界大战期间强制劳动赔偿问题上做了不少工作，而作为侵略者的日本政府，态度却一直很消极。与其相比，德国在战后追究战争犯罪方面比较彻底，反省、谢罪、赔偿也较为主动。

战后的纽伦堡审判对德国纳粹的战争罪行就比东京审判判决得更加严厉彻底。在战后赔偿方面，根据美国等占领国的要求，早在 1949 年，西德就制定了《对纳粹不法行为赔偿法》。1951 年，西德与以色列之间开始谈判，并于 1952 年 9 月缔结了《卢森堡协定》，后于 1953 年通过了《对纳粹不法牺牲者赔偿法》，1956 年对该法案进行了大幅度修订。从此，《联邦赔偿法》占据了德国战后赔偿的主导地位。

1994年2月24日，德国联邦议会向联邦政府提出，政府应要求德国企业承担历史义务，但联邦政府并没有真正接受。强制劳动受害者走上了寻求法庭裁判的道路，却被驳回或被判败诉。理由是对强制劳动的赔偿属于赔偿权，不能由个人、只能由国家提出请求。1996年5月13日联邦宪法裁判所的判决改变了这一看法，判决承认对被强制劳动的个人予以赔偿。1997年11月，德国绿党向联邦议会提出，设立“对纳粹强制劳动的赔偿”的联邦基金法案，呼吁在联邦议会获得政治解决。1998年9月，德国诞生了社会民主党和绿党的联合政权，施密特担任首相。这时，德国有12家以上在纳粹时期使用过强制劳工的企业被受害者在美国法庭提起诉讼。这时德国政府和企业才意识到，这一问题如果不解决，德国在海外的投资将受到巨大阻碍，德国在战后树立起来的国际形象也将严重受损。于是德国政府决定建立赔偿基金，德国企业以强制劳动受害者将来绝对不再进行第二次诉讼为前提条件，制定了人道主义赔偿提案。1999年2月，12家企业与施密特对话，为了对过去被强制劳工和纳粹统治下的其他牺牲者提供人道主义援助，也为了促进未来的项目，设立了“记忆、责任、未来基金”。经过多次谈判、激烈交锋，最终于1999年12月17日达成了100亿马克（当时约合53亿美元）的赔偿基金协议。每个受害者可获得15 000马克（当时约合7 500美元）的赔偿。

早在德国对战时强制劳动遗留问题进行全面解决之前，

美国和加拿大就已对战时关进美国和加拿大集中营强制劳动的日本侨民进行了道歉和赔偿，美国总统向每位受害者发了致歉信，每个人赔偿了 2 万美元（当时约合 16 万元人民币）。加拿大同美国的道歉方法和赔偿金额基本一致。继德国之后，奥地利也学德国的办法建立了强制劳工赔偿基金，对欧洲战俘劳工进行了赔偿。近年来，在美国法庭起诉日本政府和企业奴役欧美战俘劳工的案子有 20 余起，但美国有关法庭认为这些国家在《旧金山和约》上放弃了要求日本赔偿的权利，而驳回了受害者的起诉。欧美战俘不服判决，有的上诉，有的寻求其他途径进行解决。在英国，政府没有支持战俘向日索赔，但英国政府却对第二次世界大战期间被日本奴役的英国战俘受害者每人补偿了 1 万英镑（当时约合 15 万元人民币）。

与德国和欧美国家的情况相反，亚洲的日本对侵略战争的历史竭力否认，不承认侵略战争，不承认侵略罪行，不承担侵略责任。对战争赔偿能拖就拖，能赖就赖。直到 20 世纪 80 年代，欧美战俘劳工向德国索赔取得进展，才使中国战俘劳工认识到自己的权利，找到解决问题的途径。不少工矿的中国劳工学习花冈的办法，同日本政府和相关企业谈判交涉，进行民间对日索赔。

但最早进行索赔谈判的花冈受害者同鹿岛公司的交涉并不顺利，因为鹿岛公司迟迟不肯做出赔偿，谈判 6 年没有结果。迫不得已，花冈事件受害者以耿谆为首席原告，于 1995 年 6 月 28 日，由 11 名受难者和家属代表组成原告团，委托以新美隆为首的日本律师团，正式在东京地方法院递交了一份长达 308 页的起诉书，状告鹿岛建设公司残酷虐待中国劳工的罪行。

在花冈索赔的影响下，其他各地的中国掳日劳工也纷纷成立联谊会、诉讼团，相继在日本起诉，要求日本政府和加害企业谢罪赔偿。

“花冈诉讼”是中国战俘劳工于战后的第一起民间对日诉讼，中国劳工向日本加害企业讨还公道的正义斗争，得到了日本和平友好人士和爱国华侨的大力支持。当时的中国外交部发言人（后来曾任中国驻日本大使）陈健在答记者问时也明确表示：“我们要求日本方面本着负责的态度认真对待这一问题，并合理加以解决，包括给予必要的赔偿。”

“花冈暴动”是中国战俘劳工在日本唯一一次规模较大的暴动，“花冈事件”也是在战争法庭唯一进行判决的事件，因而备受中日双方和世界各国的关注，中国新华社、中央电视台的“新闻联播”“焦点访谈”“时空报道”“东方之子”等栏目相继进行了连续报道，海外媒体也做了大量报道。

“花冈诉讼案”是中国民间对日诉讼第一案，经历的时间长，花费的力量大，取得的经验教训也多。鹿岛花冈作业场的劳工原有近 986 人，被日方折磨至死 418 人，而原告代表仅有 11 人。东京地方法院的第一次审判从 1995 年 12 月 20 日第一次开庭，到 1997 年 12 月 10 日第八次开庭，历时两年多。一次次的开庭，一次次的失望，一次次的遗憾。法院连中国劳工被强掳的事实都没有进行取证，就驳回花冈受害者的一切请求。

1995 年 12 月 20 日，第一次开庭，开庭时间 120 分钟。“花冈事件”原告团代表耿谆、王敏、李绍海、孙力在法庭上做了简要陈述。被告的答辩书只是对诉状“请求原因”做了简单答辩，没有实质性的承认与否认。而法庭庭长频繁制止原告代理人发言，充当了被告辩护人的角色。

1996 年 2 月 19 日第二次开庭，开庭时间仅 40 分钟。被告对原告的索赔理由仍然没有明确的肯定或否定，只是一味地陈述自己的主张，表明赔偿请求权已在日中共同声明中被放弃，日本对当年的不法行为不应履行债务，诉讼期限已经届满。原告要求被告端正态度，法庭庭长却把矛头转向原告代理人。

1996 年 5 月 13 日第三次开庭，开庭时间仅 30 分钟。被告鹿岛公司提出“原告依自己的权利进行的起诉，为时太晚”，法院也提出诉讼时效的问题。原告依据国际法进行驳斥，关于战争犯罪不存在时效问题，德国现在仍在惩处战争犯罪，而且仍在进行战争损害赔偿。

1996 年 7 月 8 日第四次开庭，开庭时间 30 分钟。原告做了陈述发言，在“共同声明”中，被告鹿岛公司本已“承认了企业责任”，这里又编造谎言，否认事实。

1996 年 9 月 30 日第五次开庭，开庭时间 30 分钟。鹿岛公司对于原告提出的基本历史事实的中心内容——强掳的经过、实态等予以否认或故作不知，而且刻意回避堆积如山的尸体以及因战争犯罪受到审判的问题，仅仅对于当时强掳的表面现象进行辩解。对于客观存在的死亡人数的辩解，更是漏洞百出。在辩论中，原告引用了1996年5月3日德国波恩地方法院的一个判决：“强制民间人劳动是对人道的犯罪，也是战争犯罪。”要求以此判定被告鹿岛公司的犯罪事实和罪责。

1996年11月25日第六次开庭，开庭时间30分钟。原告提出准备书，主张安全考虑乃至保护义务，庭长要求被告针对原告的主张应全面积极地提出自己的意见，并要求在下次开庭前做好立证准备。

1997年2月3日第七次开庭，双方进行简单的陈述发言，原告代理人刚发言就被庭长制止，还指责代理人发言声音太大。开庭时间仅10分钟，园部秀穗裁判长突然公布法庭的想法：驳回申请人的人证，辩论结束，判定日期以后指定。说罢宣布退庭，拂袖而去。事先预定说明、辩论活动都没有进行。此案就此终止审理，在场的人无不为之震惊。

这就是东京地方法院对一桩重大国际性历史惨案的全部审理，纵跨3个年头的“马拉松”式的审理总共7次开庭，而累计庭审时间不足5小时，真是一场可笑而滑稽的法律游戏。

此后，花冈原告团、律师团及日本各届友好人士纷纷抗议法庭的非法结审行为，并一再要求重新开庭并公开审理此案，但东京地方法院始终不予理睬。

1997年12月6日，东京地方法院对花冈事件诉讼案进行了最后判决。原告团代表耿谆、张肇国、孟繁武、赵满山一行，在律师团的陪同下，经由侧边门进入103号法庭。这是东京地方法院最大的法庭，百十个座位的旁听席远远满足不了要求，法庭外边的走廊上，挤满了来自日本各地的华侨和关心诉讼的日本民众。

下午3时，民事13部裁判长园部秀穗和两个法官进入法庭，他先是用目光狠狠盯着原告席，接着，又以中国原告配备的4名翻译人员过多为由，做出了只留1名翻译其他3名逐出法庭的无理决定。紧接着，园部宣读了判决结果。不到10秒钟的时间，他即闪电般地判决完毕。坐在原告席上的老人们尚没有反应过来是怎么回事，身边的翻译还没有来得及把意思讲给原告，园部裁判长已匆匆推开身后的大门，逃跑似地离开了法庭。

旋即，法庭淹没在一片混乱的气氛中，抗议声此起彼伏。

这就是日本的法官，这就是日本的法院，这就是日本的法律，不知公理何在？不知正义何在？直到这时，作为花冈受害者的四位老人才知道东京地方法院的判决是：一、驳回原告一切请求；二、诉讼费用由原告负担；三、原告的再上诉，附加期为60天。

也就是说，中国原告败诉了。

在当天下午举行的新闻发布会上，耿谆举着亲手写的“东京法院失公道，战犯鹿岛罪不容”的标语，严厉谴责鹿岛公司拒不承认历史罪恶和东京地方法院亵渎法律的卑鄙行径，老人们愤怒地表示，这一判决有失公道，拒绝接受并将继续上诉，直至讨回历史的公道。

人们说，这是日本法庭制造的第二起“花冈惨案”。

东京地方法院对花冈事件诉讼案的无理判决，在中国，在日本，在世界许多国家引起了强烈反响，人们纷纷对其颠倒黑白的判决给予了批判和抨击。

1997 年 12 月 12 日，“花冈惨案”的幸存原告和律师团一道，再度向东京高等法院上诉。

5. 没有结束的抗战

1998 年 7 月 15 日，日本高等法院正式开庭审理耿谆等原告的申诉，此后相继 6 次开庭，进行了原告、被告双方及其代理人之间的法庭口头辩论。

1999 年 9 月 10 日，东京高等法院第 17 民事部提出“职权和解劝告”。

1999 年 12 月 16 日，中国红十字会作为“利害关系人”参与和解的实施。

2000 年 4 月 21 日，东京高等法院第 17 民事部以文书的形式，向当事者双方提示表明和解项目主旨的“和解劝告书”。此后一年多时间内，双方进行了 20 余次的协商谈判。

2000 年 11 月 29 日，在日本东京高等法院的主持下，日本律师新美隆等代表原告方与被告方达成“和解”，鹿岛公司向中国红十字会信托 5 亿日元，设立“花冈和平友好基金”，用于对花冈死难劳工的祭奠以及帮助 986 名花冈受难者和家属的自立、抚养伤病和子女的教育。

这次和解的金额只有索赔额的 1/10，每人获赔额只相当于 3.5 万元人民币。但在和解的当天，鹿岛公司又发表声明，否认战时对劳工的虐待，否认有法律责任，否认这笔钱含有赔偿和补偿的性质。日本的报纸上说这是对中国劳工的“救济金”。和解时，和解书没有中文版本，日文版本也没有完整地透露给受害原告。和解书中有很多对受害者不公正的条款，第一原告耿谆和孙力等人后来看到和解书的中译本后，认为蒙蔽受骗、难以接受，并登报声明反对。海外华侨和国内外一批有正义感的学者也认为这个和解是不公正的，鹿岛公司并没有真正地谢罪赔偿，纷纷给予抗议和批判。中国河北省的一批花冈受害者拒绝领取鹿岛公司的和解基金，重新组织了“花冈受害者继续追究日本政府和鹿岛公司奴役中国劳工罪责联谊会（筹）”（简称花冈新联谊会），继续追究日本政府和鹿岛公司奴役中国劳工的罪责。花冈老联谊会和一些愿意接受花冈基金的人，放弃了对鹿岛公司的追究，以及继续追究日本政府的责任。

图 19　花冈联谊会会长和原告团团长耿谆、王敏等代表受害者发出正义的呼唤（何天义研究室征集图片）

2002 年 7 月，花冈新联谊会曾向日本政府递交了要求其道歉赔偿的联名信，日本政府一直未予答复。2004 年 7 月 2 日，他们又组织了 8 万人的签名信，要求日本政府道歉赔偿。

在花冈诉讼案的启发下，各地劳工团体看到用交涉谈判的方法要求日本政府和加害企业进行谢罪赔偿可能性不大，也纷纷开始寻找中日律师和民间团体的支持，在日本法院提起诉讼。截至 2005 年 9 月抗战胜利 60 周年，中国劳工在日本的民间诉讼案达到 15 起，在美国起诉的 2 起，在中国起诉的 2 起。截至抗战胜利 70 周年，在日本起诉的 15 个案件，官司都打到了三审，除 4 起得到了不理想的和解外，均为败诉。早期的败诉理由各有不同，主要集中在“个人请求权”“国家无答责”“时效问题与除斥期间”“请求权放弃论”等问题上。2007 年 4 月 27 日，日本最高法院单方面解释了《中日联合声明》，以中国政府放弃战争赔偿为由，判定中国民间受害者丧失了索赔权，驳回了广岛劳工对西松建设的诉讼。尽管中国外交部发言人表示，日本最高法院的解释是“非法的、无效的”，但日本最高法院的判决影响了所有在日本进行的诉讼。自此以后，在日本进行的所有受害劳工索赔诉讼，不管是一审、二审，还是三审，结果都是败诉。

强掳劳工、强制劳动属于国际法所禁止的奴隶制度。日本强掳中国劳工不仅违反了《废除奴隶制及奴隶贩卖之国际公约》以及为国际法所确立的“禁止奴隶制”，也违反了国际劳工组织第29号条约“关于强制劳动的条约”。按照《海牙陆战条约》，也犯了虐待战俘罪和奴役平民罪，这都属于战争犯罪，而国际法规定，追究战争犯罪是没有时效的。

近年来，中国的战俘劳工组织根据形势的发展，改变了斗争策略，不能在日本进行法律诉讼，就改为在中国进行法律诉讼；在用法律诉讼解决的同时，再度开始政治解决及和谈解决；在追究日本企业责任的同时，继续追究日本政府的责任。有人说这是战争遗留问题，有人说这是没有结束的抗战。

中国劳工在日诉讼史无前例，中国劳工对日索赔道路漫长。不管这些案件将来会有什么结果，索赔本身就是对日本军国主义罪行的揭露和控诉，就是对日本右翼否定侵略历史的驳斥和批判，就是对中国、日本和亚洲人民的一次维护和平、反对战争的教育。

主要参考文献

[1] 何天义. 日军枪刺下的中国劳工（四卷本）[M]. 北京：新华出版社，1995.

[2] 何天义. 二战掳日中国劳工口述史（五卷本）[M]. 济南：齐鲁书社，2005.

[3] 何天义，范媛媛，何晓. 强制劳动——侵略的见证 死亡的话题 [M]. 北京：中华书局，2005.

[4] 谢忠厚，张瑞智，田苏苏. 日军侵略华北罪行档案（十卷本）[M]. 石家庄：河北人民出版社，2005.

[5] 何天义. 亚洲的奥斯威辛——日军侵华集中营揭秘 [M]. 成都：四川人民出版社，2007.

[6] 何天义. 日军侵华集中营——中国受害者口述 [M]. 郑州：大象出版社，2008.

[7] 何天义. 日军侵华战俘营总论 [M]. 北京：社会科学文献出版社，2013.

[8] 何天义. 不应忘却的历史——日军虐杀中国战俘罪行录. 南京电影制片厂等，2005.

[9] 中共河南省委党史工作委员会. 侵华日军在河南的暴行 [M]. 郑州：河南人民出版社，1989.

[10] 郭汝瑰，黄玉章. 中国抗日战争正面战场作战记 [M]. 南京：江苏人民出版社，2002.

［11］王道平．中国抗日战争史［M］．北京：解放军出版社，2005.
［12］全国政协文史和学习委员会．魔窟梦魇［M］．北京：中国文史出版社，2005.
［13］刘宝辰．花冈暴动——中国“劳工”在日本的抗日壮举［M］．北京：人民出版社，1993.
［14］刘宝辰，林凤升．日本掳役中国战俘劳工调查研究［M］．保定：河北大学出版社，2002.
［15］陈理昂，朱铁英．花冈暴动回忆录［M］．北京：中国青年出版社，1992.
［16］王留柱．耿谆与花冈暴动资料专辑．1997.
［17］陈景彦．二战期间在日中国劳工问题研究［M］．长春：吉林人民出版社，1999.
［18］［日］野添宪治．花冈事件记闻［M］．张友栋，刘宝辰，郭献庭，译．保定：河北大学出版社，1992.
［19］［日］上羽修．中国人强制连行的轨迹［M］．东京：青木书店，1993.
［20］［日］田中宏，松泽哲．中国人强制连行资料［M］．东京：现代书馆，1995.
［21］［日］中国人强制连行思考会．来自花冈矿的最底层：第一集．1990.
［22］张国通．花冈事件［M］．郑州：河南人民出版社，1999.
［23］崔兮明．在日本大写中国［M］．济南：山东文艺出版社，1999.
［24］郑旺盛．中国民间索赔第一案［M］．武汉：长江文艺出版社，2000.
［25］旻子．尊严——中国民间对日索赔纪实［M］．北京：中国工人出版社，2002.